국제법과
함께 읽는
독도현대사

정재민

판사로 근무하던 중 하지환(河智還)이라는 필명으로 쓴
소설《독도 인 더 헤이그》를 계기로 외교부의 위촉을 받아
2011년 8월부터 2년간 외교부 독도법률자문관으로 활동하였다.
서울대 법대와 서울대 석사과정(국제법) 및 경북대 석사과정(국제경제학)을
졸업하고 로즈 아카데미와 국제해양법재판소 아카데미를 수료하였으며,
현재 서울대 박사과정(국제법) 중에 있다.
《소설 이사부》로 매일신문사 주최 제1회 포항국제동해문학상을
수상하여 등단하였다.

대한민국역사박물관 한국현대사 교양총서 03

국제법과 함께 읽는 독도현대사

2013년 9월 1일 발행
2013년 9월 1일 1쇄

지은이 정재민
발행처 대한민국역사박물관
제작 · 보급 (주)나남
경기도 파주시 회동길 193
031. 955. 4601 / www.nanam.net

ISBN 978-89-300-8703-2
978-89-300-8700-1 (세트)

책값은 뒤표지에 있습니다.

대한민국역사박물관
한국현대사 교양총서
03

국제법과 함께 읽는 독도현대사

정재민 지음

대한민국역사박물관 NATIONAL MUSEUM OF KOREAN CONTEMPORARY HISTORY

나남 nanam

《한국현대사 교양총서》를 펴내며

대한민국역사박물관은 우리나라 최초의 국립 현대사박물관입니다. 500년의 전통과 현대성이 함께 숨 쉬는 광화문에 위치한 대한민국역사박물관은 일제강점기부터 현재까지 우리 한국인이 겪어온 피와 땀과 눈물의 대서사를 담은 역사 공간을 목표로 하여 건립되었습니다. 국가 상징 거리에 위치하여 과거와 현재를 이렇게 동시에 만날 수 있는 곳은 전 세계적으로 유례를 찾기 어려울 것입니다.

대한민국역사박물관은 우리의 정체성을 확인하고 우리가 걸어온 길을 되돌아보면서 앞으로 나아갈 길을 모색하는 성찰의 기회를 제공할 것입니다. 우리 한국인이 목숨 바쳐 나라를 되찾고 피땀 흘려 산업화와 민주화를 이룩한 과정을 균형 잡힌 시각으로 보여주어, 국민들이 우리 현대사에 대한 관심과 애정을 가질 수 있게 하고자 합니다.

이를 위해 대한민국역사박물관은 현대사에 대한 체계적인 자료 수집 및 관리 · 전시 · 교육 · 조사연구 등의 기능을 수행하고 있습니다. 특히 그동안 학계에서 쌓아온 현대사 연구 성과를 국민과 공유하는 것이 필요하다고 보고, 일반인이 좀더 쉽게 읽고 이해할 수 있는《한국현대사 교양총서》 시리즈를 발간하게 되었습니다.

《한국현대사 교양총서》를 기획하면서 특히 중점을 두었던 점은 균형 있고 미래지향적인 역사인식을 갖추는 데 기여하는 것입니다. 한국 현대사의 여러 사건과 인물들을 둘러싸고 첨예한 논란이 벌어지고 있는 현시점에서 균형 잡힌 역사인식이 무엇보다 절실하다고 하겠습니다.

아무쪼록 《한국현대사 교양총서》가 어렵게 느껴질 수 있는 우리 현대사에 쉽게 다가가는 계기가 되었으면 합니다. 아울러 이 총서가 한국 현대사에 대한 폭넓은 안목을 키울 수 있는 길잡이가 되기를 기대하며 독자 여러분의 많은 격려와 질정을 바랍니다.

대한민국역사박물관장

김 왕 식

머리말

작년 여름 대한민국역사박물관으로부터 이 책의 집필 요청을 받고서 한동안 주저했습니다. 저의 역량이 부족한 것이 가장 큰 이유였지만, 독도에 대해 글을 쓰는 것 자체가 여러모로 까다롭고 시비의 대상이 되는 경우가 적지 않다는 이유도 있었습니다. 하지만 저는 고민 끝에 소설 《독도 인 더 헤이그》를 쓰고, 국방부와 외교부에서 독도 관련 업무를 한 개인적 인연들에 비추어서 이 작업도 운명일지 모른다고 생각하고 감히 집필에 도전해보기로 하였습니다.

이 책을 쓰는 데 있어 저는 다음의 세 가지를 목표로 삼았습니다.

첫째는 객관적으로 쓰자는 것이었습니다. 독도를 소개하는 글들 중에는 지나친 애국심 때문에 객관적인 설득력이 떨어지는 경우들이 없지 않았습니다. 한국 사람인 제가 완벽한 중립을 취하는 것이 어쩌면 불가능할지도 모르지만, 적어도 제가 판사로서 판결문을 쓸 때 가지는 객관적인 자세를 유지하려고 노력하였습니다.

둘째는 정확하게 쓰자는 것이었습니다. 기존에 일반인들이나 특히 학생들을 대상으로 한 독도 관련 서적들 중에는 역사학계나 국제법학계에서 인정받기 어려운 설명들이 기술된 경우도 적지 않았습니다. 저는 역사적 사실관계는 송병기, 정병준 등 가장 신뢰받는 역사학자들이 복구한 사실관계에 충실하게 따르고, 그와 관련된 국제법적 설명은 정부와 학계에서 일반적으로 받아들여지는 견해를 중심으로 소개하였습니다. 그러면서도 기존에 확립된 논의가 많지 않은 부분에 대해서는 저의 개인적 견해를 적지 않게 쓰기도 하였는데, 이 경우에는 '사견'이라는 표시를 하였습니다.

셋째는 술술 읽힐 정도로 쉽고 재미있게 쓰자는 것이었습니다. 어린 학생들이나 외국인 및 국제법 비전공자들도 내용을 이해하는 데 별 어려움을 겪지 않도록 가급적 쉬운 용어를 사용하여 풀어 쓰려고 노력하였습니다. 이 책에서 다루는 약 백 년 동안의 독도를 둘러싼 한국의 역사는 그 자체로 워낙 극적이고 실제 일어난 사실들이기 때문에 이 책의 내용이 웬만한 소설이나 영화보다 더 재미있을 것이라고 확신합니다.

이 책이 나오기까지는 많은 분들의 가르침과 은혜가 있었습니다. 본문에서 가장 많은 부분을 인용한 송병기, 정병준 교수님에게 특별히 감사를 드립니다. 이분들의 연구 결과들이 없었다면 저는 이 책을 쓸 엄두조차 내지 못했을 것입니다. 서울대 정인섭 교수님은 제게 국제법을 가르쳐주신 스승으로서, 후학들이 존경하는 엄정하고 진실된 학문적 자세로 이 책을 떠나서 많은 지도를 해주셨습니다.

저는 외교부에서 독도법률자문관 또는 영토법률자문관으로 있었지만 제가 자문한 것보다 제가 외교부로부터 자문받은 것이 훨씬 더 많습니다. 이기철 주네덜란드 대사님은 제게 외교부에서 독도에 대해 공부할 수 있는 기회를 만들어주셨고, 신맹호 주불가리아 대사님은 국제법률국장으로 계시는 동안 수많은 대화와 토론을 통해서 독도 문제에 대해 다양한 각도로 생각할 수 있도록 일깨워 주셨습니다. 적어도 외교부에서의 독도 공부에 관련해서는 저는 이기철 대사님을 낳아주신 아버지로, 신맹호 대사님을 길러주신 어머니로 새기고 있습니다. 독도에 관한 국제법을 가르쳐주신 김선표 심의관님과 역사학을 가르쳐주신 홍정원 박사님께도 배움의 큰 빚을 졌습니다. 저의 외교부 생활을 지원하고 세심하게 배려해 주신 강정식 국제법률국장님과 김진해, 유복근 영토해양과장님께도 감사를 말로 다하기 어렵습니다.

그러나 유의할 부분들도 있습니다. 무엇보다도 제가 비록 외교부 영토법률자문관이었지만, 이 책의 내용은 정부의 공식적 입장이 아니라 저의 개인적 견해라는 것입니다. 또한 이 책은 일본이 독도 문제를 최초로 야기한 1905년부터 최근까지의 독도에 관한 이야기로서, 1905년 이전의 내용은 본격적으로 다루지 않았습니다. 아울러 이 책이 전문서가 아닌 일반인 대상의 교양도서임을 감안하여 간략한 참고문헌 표시 외에 구체적인 인용 표시는 생략하였다는 점도 밝힙니다.

대한민국역사박물관의 첫 총서의 한 자리를 차지하는 책을 쓸 기회를 얻었다는 것 자체로 제게는 매우 영광이지만, 제가 부족한 점이 많아서 출간 직전인 이 시점까지도 마음이 편하지만은 않습니다. 그러나 비록 이 책을 쓴 사람은 보잘것없지만 이 책을 읽은 분들은 독도와 대한민국을 보다 깊이 이해해주실 것이라는 염치없는 기대를 위안삼아서 지난 한 해 동안 들고 있던 펜을 내려놓습니다.

정 재 민

차례

일본의 독도 불법 편입

01 일본의 한반도 침탈과정

02 일본의 독도 편입

03 울도군수 심흥택의 대응

04 식민지 지배와 독도

일본은 1905년 2월 22일 한국의 영토인 독도를 시마네현으로 불법 편입하였다. 오늘날까지 이어지는 한일 간 독도 문제의 최초 발화점이 바로 이 사건이었다. 그런데 이는 별개로 일어난 사건이 아니라, 당시 일본이 한국 전체를 강제로 점령하던 일련의 과정 중의 하나이다. 이러한 전체적인 역사적 배경 속에서 독도 문제를 살펴본다.

01

일본의 한반도 침탈과정

일본은 1905년 2월 22일 한국의 영토인 독도를 시마네현島根縣으로 불법 편입하였다. 오늘날까지 이어지는 한일 간 독도 문제의 최초 발화점이 바로 이 사건이었다. 그런데 이는 별개로 일어난 사건이 아니라, 당시 일본이 한국 전체를 강제로 점령하던 일련의 과정 중의 하나이다.

그럼에도 불구하고 일본인들은 독도 문제는 영토 문제이지 역사 문제가 아닌데도 한국인들이 자꾸만 감정적으로 과거사 문제와 결부시키려고 한다고 주장한다. 혹은 독도 편입은 1905년에 발생한 사건이고 한일강제병합은 1910년에 일어났으므로 둘은 별개의 사건이라고도 주장한다. 이는 독도 침탈을 한반도에 대한 침탈과 분리하려는 의도이다.

일본의 한반도 침탈은 1870년대 강제 개항 이래로 꾸준히 점진적으로 이루어져왔으며, 특히 1904년 러일전쟁을 전후하여 집중적으로 진행되었고, 1910년의 강제병합은 이미 예정된 수순의 마무리에 불과하였다.

일본의 독도 편입은 바로 일본의 한반도 침탈작업이 절정에 이르렀던 1905년에 일어난 일이다. 그런데도 이를 한반도 침탈과 별개의 사건이라고 주장하는 것은 마치 강도가 그 물건은 겁을 먹은 주인이 직접 건네준 것이 아니라 자신이 집어간 것이므로 강도 행위와는 별도로 민법상 '무주물선점'의 요건에 해당하는지를 따져보자고 우기는 것과 같은 궤변이다.

그러므로 일본의 1905년 독도 편입을 이해하기 위해서는 당시 한국 전체가 일본에게 침탈당한 과정을 반드시 함께 살펴보아야 한다. 이 시기의 역사에 대해서는 방대한 사실과 견해들이 공존하지만, 이 책에서는 여러 사정상 일본의 입장에서 한국을 침탈하던 과정을 매우 개괄적으로만 소개하고자 한다.

조선의 개항

일본에서는 1868년 에도江戶 막부가 무너지고 근대화, 서양화,

무주물선점(occupancy, 無主物先占)

무주물, 즉 소유권이 없는 물건을 소유의 의사를 가지고 다른 사람보다 먼저 점유하는 것을 말한다. 민법 제252조 1항에는 무주의 동산을 소유의 의사로 점유한 사람은 그 소유권을 취득한다고 규정되어 있다.

부국강병정책을 표방한 메이지明治 정부가 출범하였다. 메이지 정부는 조선과도 관계를 맺기 위해서 외교문서를 보냈으나 당시 조선의 실권자였던 흥선대원군은 일본이 서양과 같은 이적夷狄이 되었다며 이를 계속 거부하였다. 화가 난 메이지 정부에서는 조선을 쳐야 한다는 이른바 정한론征韓論이 힘을 받게 되었다. 조선을 공격하면 일본의 문화와 상공업이 발전하고 일본 각 지방의 내분을 일소할 수 있어 일본의 국익에 이보다 더 좋은 것이 없다는 것이 정한론의 주된 근거였다.

이에 따라 일본은 1875년 운양호雲揚號라는 군함을 강화도 인근에 접근시켜 조선군과의 교전을 유발하였고, 이 사건의 책임을 조선에게 물어 1876년 〈조일수호조규〉일명 강화도조약를 체결하였다.

강화도조약 제1조는 "조선은 자주국으로서 일본과 동등한 권리를 가진다"고 규정하였다. 일본이 조선을 '자주국'이라고 인정한 것은 조선에 대한 청나라의 종주권을 부정하기 위한 포석이었다. 일본의 입장에서 조선을 수중에 넣기 위해서는, 조선을 당시까지의 종주국이었던 청나라의 영향으로부터 벗어나도록 만드는 것이 선결과제였기 때문이다.

강화도조약은 조선의 항구 개항과 일본 외교사절의 상주를 규정하였으나 조선은 이 조약의 이행에 소극적이었다. 그러자 1877년에는 일본인 하나부사 요시모토花房義質가 《만국공법》萬國

公法 등 당시 동양에 새로 번역된 국제법 책들을 예조판서 조양하에게 기증하였다. 그가 이 책들을 준 이유는 국제법 책에 나온 바와 같이 조선도 일본 외교사절의 상주를 허용하라고 설득하기 위해서였다.

이처럼 일본은 당시부터 국제법을 적극적으로 이용하고 있었다. 서양 세계에 일찍 눈을 뜬 일본은 막부 체제였던 1862년에 이미 일부 유학생을 네덜란드로 파견하여 국제법을 공부하도록 한 후 정부 요직에 발탁하였다. 또한 1865년부터는 동아시아에 서양 국제법을 보급한 기폭제가 된 책인《만국공법》이 일본에 널리 퍼졌다. 이 책은 후쿠자와 유키치福澤諭吉의《서양사정》西洋事情과 함께 2대 베스트셀러가 될 정도로 인기가 있었다고 하니 당시 일본 사회에서 국제법에 대한 관심이 얼마나 높았는지 짐작할 수 있다.

일본이 1876년 조선과 강화도조약을 체결한 것도, 그 무렵 오가사와라小笠原 제도를 필두로 태평양의 작은 섬들을 일본의 영토로 편입한 것도, 1905년 독도를 편입한 것도 모두 국제법을 적극적으로 이용한 조치들이었다. 서구 국가를 지향하던 일본은 서구 사회에 자신들도 국제법을 지키는 문명국가임을 과시하고자 하였다. 아울러 아시아나 아프리카 국가들을 침략하거나 식민 지배를 하면서 이를 국제법으로 정당화하는 서구 국가들을 보면서 국제법의 효용과 위력을 절감하기도 하였을 것이다. 당시 국제법은 전통이 짧은 데다 유럽 국가들만을 국제법상의 국가로 보았던 초기의 태생적 한계 때문에 서구 열강들의 약소국 침탈을 정당화하는 측면도 있었다. 이를 본 일본은 국제법을 잘 끼워 맞추어서 내세우면 자신들이 다른 나라를 침략하거나 약탈하더라도 국제법의 이름하에 합법화될 수 있다고 본 것이었다. 일본이 1905년 고유 영토가 아닌 독도를 편입한 것이나, 이후에 독도 영유권을 인정받기 위해 필요한 근거 사실을 인위적으로 만드는 데 별 거리낌이 없었던 점도 국제법을 형식적인 합법화 수단으로 보는 이러한 인식에서 비롯된 것으로 보인다.

반면 조선에서는 강화도조약을 체결하고 개항을 한 이후에도 국제법의 중요성에 대한 인식이 쉽게 뿌리내리지 못하였다. 일부 개화파 인사들이 일본에서 국제법을 배우려 한 경우도 있었으나, 여전히 《만국공법》과 같은 책은 요사스러우므로 모두 찾아 불태워야 한다는 보수 유생들의 상소가 전국적으로 올라가던 시절이었다.

조선의 문을 강제로 열어놓은 이후 일본은 본격적으로 청나라와 조선에 대한 주도권 다툼을 시작하였다. 이에 따라 조선 내부에서도 청나라와의 사대관계를 유지하려는 보수파와 서구식으로 근대적 개혁을 해야 한다는 개화파가 갈라져서 대립하기 시작하였다.

1882년 임오군란을 진압하기 위해 조선에 3천여 명의 군을 파견한 이후 청나라의 영향력은 더욱 커져갔다. 이에 개화파는 청나라와의 사대관계를 청산하고 서구식 개혁을 하자는 취지로 1884년 갑신정변을 일으켰다. 당시 일본 공사가 보병 1개 중대를 출동시켜 창덕궁을 호위하며 개화파를 지원하자, 청나라는 서울에 주둔하던 군대를 출동시켜 이 정변을 진압하였다. 그 과정에서 양국군 사이에 교전이 벌어져 청나라군 3명과 일본군 2명이 전사하기도 하였다.

갑신정변이 3일 만에 진압됨으로써 일본의 한반도 지배 시도도 잠시 주춤할 수밖에 없었다. 한편 양국군이 모두 서울에 주둔하고 있으면 양국 사이에 전쟁이 벌어질 것이라는 우려가 확산되었다. 이에 양국은 1885년, 4개월 이내에 조선에서 군대를 철수하고, 조선에 군대를 다시 파병할 필요가 있을 때는 서로 연락해서 결정한다는 내용의 〈텐진조약〉天津條約을 체결하였다. 일본은 일단 물러가면서도 또 다시 조선에 밀고 들어올 수 있는 장치를 마련해 두었던 것이다.

청일전쟁과 아관파천

이후 1894년 동학농민혁명이 일어나 수십만 명의 농민들이 봉기하자 조선 정부는 이를 제압하기 위해 청나라 군대를 불러들였다. 그러자 일본도 텐진조약을 근거로 조선에 군대를 파병하였다. 이 과정에서 동학농민혁명은 진압되었으나, 청나라와 일본은 조선 땅에서 청일전쟁을 벌이기 시작하였다.

청나라를 상대로 승리한 일본은 1895년 4월 〈시모노세키조약〉下關條約을 체결하였다. 그 내용은 중국이 일본에게 요동遼東반도, 대만臺灣, 팽호도澎湖島를 할양하는 것, 그리고 중국이 조선에 대한 종주권을 포기한다는 것이었다. 청일전쟁의 승리로 일본은 그동안 가장 큰 장애물이었던 청나라를 물리치고 조선에 대한 지배권을 획득할 수 있었다.

그러나 러시아가 일본의 기세에 찬물을 끼얹었다. 남하정책을 추진하던 러시아는 일본이 요동반도를 차지하자 이에 위협을 느끼고 1895년 독일, 프랑스와 함께 일본에 대해 요동반도를 청나라에게 돌려주도록 압력을 넣었다삼국간섭. 이는 청일전쟁의 승리로 한창 들떠 있던 일본에게 커다란 충격을 안겨주었고 이때 품은 일본의 원한은 훗날 러일전쟁의 한 원인이 되었다.

삼국간섭 이후 조선에서는 민씨 일파가 러시아 세력에 기대기 시작하면서 친로親露 인사들을 주축으로 한 내각이 구성되었다. 이에 분노한 일본의 공사 미우라 고로三浦梧樓는 1895년 10월 8일 일본 낭인들을 시켜서 명성황후明成皇后를 시해한 후 시체에 기름을 붓고 불을 질렀다. 이 사건은 한국은 물론 국제적으로도 커다란 물의를 일으켰지만, 정작 일본 정부는 미우라와 그 일당

48명을 조사한 후 증거 불충분을 이유로 모두 석방하였다.

이 변란 직후 조선에서는 다시 친일 정권이 들어서 단발령 등 급진적인 개혁을 시행하였다. 그러자 왕비의 시해와 갑작스러운 단발령으로 분개한 조선인들이 각처에서 봉기하여 조선에서 일본 세력은 급격하게 약화되었다. 일본으로부터 신변의 위협을 느낀 고종은 1896년부터 1년 동안 러시아 공관에서 국정을 보았고아관파천, 俄館播遷, 이때부터 조선에서 러시아의 영향력이 강화되었다.

러일전쟁과 일본의 한반도 강점 개시

아관파천 이후 조선은 1897년 고종을 황제로 승격하고 국호를

1896년에 촬영한 서울 정동의 구 러시아공사관.
6·25전쟁 때 폐허가 되어 지금은 망루만 남아 있다.

대한제국으로 바꾸어 개혁을 진행하였지만, 제국주의 열강의 영향에서 벗어나지는 못했다. 일본은 이후에도 대한제국을 놓고 러시아와 계속해서 신경전을 벌였다. 또한 일본은 1902년에 영일동맹을 성립시킴으로써, 영·미·일을 축으로 하는 세력과 러시아·프랑스를 축으로 하는 세력이 국제적으로 대치하게 되었다.

러시아가 남하정책을 노골적으로 추진하자 심각한 위협을 느낀 일본은 1904년 2월 8일 마침내 러일전쟁을 일으켰다. 러일전쟁 직전인 1904년 1월 23일 급박한 정세 속에서 대한제국은 중립을 선언했으나, 일본은 이를 묵살하고 자국 군대를 임의로 서울에 주둔시켜버렸다.

곧이어 일본은 대한제국 정부를 압박하여 2월 23일 〈한일의정서〉韓日議定書를 체결하였다. 그 내용은 대한제국이 일본군에게 충분한 편의를 제공해야 하고, 일본은 전략상 필요한 대한제국의 영토를 마음대로 사용할 수 있다는 등의 것이었다. 이 의정서에는 "대일본제국 정부는 대한제국의 독립과 영토 보전을 확실하게 보증한다"라는 조항도 있었으나 이것이 한일의정서 체결을 위한 거짓 미끼였음은 직후의 역사에 비추어 명백하다. 당시 이 의정서 체결에 반대한 대신 이용익은 모든 관직을 박탈당한 채 일본으로 압송되어 10개월 동안 연금되었다.

한국에 주둔하기 시작한 일본군은 철도와 전신을 보호한다는 명목으로 1904년 7월 전국에 군율軍律을 공포하고 이를 한국인에 대해서도 시행하였다. 군율은 군대의 법으로, 타국인 한국에서 자신들의 법을 시행하는 것은 국제법적 근거가 없는 것이었다. 일본은 러일전쟁이 끝난 이후에도 물러가지 않고 한국이 해방될 때까지 계속해서 자국의 군대를 한반도에 주둔시켰다. 일본의 한반도 강점은 바로 1904년 이 시점부터 시작된 것이다. 1904년 5월 이후 일본에서는 한국을 보호국화해야 한다는 여론이 힘을 얻게 되었다.

이에 일본은 한국을 또 다시 압박하여 1904년 8월 22일 〈제1차 한일협약〉第一次 韓日協約을 강제로 체결하였다. 그 내용은 대한제국은 재무나 외교에 관한 정책을 일본이 추천한 고문의 의견에 따라 시행해야 한다는 것 등이었다. 일본은 재정고문과 외교고문 외에도 이 협약에 없는 경무고문, 군부고문 등까지 임명하여 대한제국 정부에 대한 통제권을 장악하였다. 일본의 독도 불법편입도 바로 이 직후에 이루어졌다.

러일전쟁이 일본의 승리로 귀결되어가던 도중인 1905년 7월 일본은 〈가쓰라-태프트 밀약〉Katsura-Taft Agreement을 통해 미국으로부터 한국 지배를 묵인받았다. 또한 같은 해 8월에는 영국과 2차 영일동맹을 체결하여 영국으로부터도 한국 지배를 양해받았다. 러일전쟁에서 승리한 이후인 같은 해 9월에는 〈포츠머스 조약〉Treaty of Portsmouth을 통해 러시아로부터도 한국에 대한 지배권을 인정받았다. 이로써 마침내 일본은 한국의 지배권을 놓고 각축을 벌이던 청나라와 러시아를 차례로 제압하고 미국, 영국의 승인까지 받음으로써 국제적으로도 한국에 대한 독점적 지배권을 확고하게 쟁취한 것이다. 이제 다음 단계로는 한국을 압박하여 주권을 포기하도록 하는 절차만을 남겨놓고 있었다.

이에 따라 일본은 먼저 1905년 11월 17일 대한제국과 〈제2차 한일협약〉을사늑약, 乙巳勒約을 강제로 체결하여 대한제국의 외교권을 박탈하였다. 그 결과 세계 각국에 있는 대한제국의 외교공관이 폐지되고, 대한제국에 있는 세계 각국의 외교공관 또한 철수하였다. 대한제국의 해외 사무는 해외에 있는 일본 외교공관이 처리했다. 대한제국은 일본을 통하지 않고는 조약을 체결하거나 국제회의에 참석할 수도 없었다. 국제사회에서 대한제국은 존재하지 않는 것과 마찬가지가 된 것이다.

당초 고종은 을사늑약 체결을 거부하였지만, 당시 일본 대표였던 이토 히로부미伊藤博文는 대한제국이 이를 거절한다면 조약을 체결하는 것보다 더 곤란한 처지에 놓이게 될 것이라고 협박하였다. 일본은 대한제국의 대신들도 일본 공사관으로 불러서 압박하였다. 대신들은 사안의 중요성 때문에 어전회의를 통해 황제와 상의해서 결정할 수밖에 없다고 하였다. 그러자 일본군은 궁궐에서 어전회의가 열리는 동안 궁궐을 둘러싸고, 시내 곳곳에서는 시위성 군사행진을 벌였다.

오랜 시간이 지나도록 대신들이 조약 체결에 찬성하지 않자

이토 히로부미는 무장한 헌병들을 데리고 어전회의가 열리는 곳으로 직접 들어와서 대신들 한 사람 한 사람에게 찬반을 물었다. 참정대신 한규설이 조약 체결에 반대하자 일본 헌병들에게 끌려 나가 별실에 감금되었다. 그 상황에서 탁지부대신 민영기와 법부대신 이하영이 계속 반대의사를 밝혔지만 학부대신 이완용 등 5명의 대신들을사오적이 찬성의 뜻을 표하고 말았다. 이토는 다수결에 의해 조약안이 가결되었다고 일방적으로 선언하였다. 회의가 종결되자 이토는 고종의 재가를 받지도 않은 채 부하에게 명해 군대를 이끌고 외부대신 직인을 탈취하게 하여 조약에 날인하였다.

고종은 4일 뒤 이 조약이 총칼의 위협과 강요 아래 체결된 것으로 무효임을 선언하면서 이를 세계 각국에 알렸다. 프랑스 공법학자 레이Francis Rey도 1906년 2월 "조선의 국제법적 지위"La Situation Internationale de la Coree라는 논문을 통하여 이 조약이 무효임을 주장하였다. 강압적 조약 체결에 항의하는 한국의 유생과 전직 관리들의 자결이 이어졌다. 그러나 이미 열강의 승인을 받은 일본의 강점을 막지는 못하였다.

1907년 고종은 일본에 알리지 않고 이준, 이상설, 이위종을 특사로 만국평화회의가 열리는 헤이그Hague로 파견하여 을사늑약이 강압에 의해 체결되었음을 알리려고 했으나 이들 특사들은 일본의 방해로 회의장에 들어가지도 못하였다. 결국 이준은 헤이그에서 사망하고, 이상설, 이위종은 귀국하지 못하고 망명길에 올랐다.

일본은 헤이그에 특사를 파견함으로써 을사늑약을 위반하였다는 구실로 고종에게 황제 자리를 내어놓고 물러날 것을 강요하였다. 이에 못 이긴 고종은 1907년 7월 19일 황태자로 하여금 국정을 일시적으로 대리하게 한다는 조칙을 내렸으나 일본은 다음날 아예 황제를 교체하려는 양위식을 거행하고 세계 각국에 이를 알려 고종의 퇴위를 기정사실화하였다. 이 양위식은 당사자인 고종과 순종이 모두 참석하지 않은 채 내관 2명이 대리하는 방식으로 진행되었다.

고종을 강제 퇴위시킨 이후 일본은 치안유지를 명목으로 혼성 1개 여단을 서울에 급파하여 한층 더 강압적인 분위기를 조성하였다. 불과 며칠 뒤인 1907년 7월 25일 일본은 〈한일신협약〉韓日新協約을 공포하였다. 이에 따라 대한제국은 법령 제정, 중요 행정처분, 고등관리 임면 등의 경우 일본 통감의 동의를 받아야 했고, 군대는 해산되었다. 이후 차관 등 내각의 중요 관직과 판사, 검사장 등 사법부의 주요 직위에 일본인이 임명되었다.

1910년에는 대한제국의 경찰이 폐지되고 일본 헌병의 지휘를 받게 되었다. 이미 시간문제가 된 지 오래였던 한일병합은 곧 현실화되었다. 1910년 8월 22일 병합조약이 조인되었고 8월 29일 대한제국의 관보에 게재되었다. 이로써 대한제국은 법적으로 소멸하였고 이후 1945년 8월 광복 때까지 한반도에는 일제의 강점이 계속되었다.

일본의 과거사에 대한 불법성 인식

일본은 이상의 한국 침탈과정이 도덕적으로는 문제가 있을지 몰라도 법적으로는 적법하다고 주장한다. 일본이 중국 등 다른 나라는 전쟁을 일으켜서 무력으로 침략했는지 몰라도 한국은 조약을 통해서 합법적으로 식민지 지배를 하였다는 것이다. 이런 차원에서 일본은 과거사를 언급할 때 침략과 식민지 지배를 구분한다. 한국의 경우 침략이 아닌 식민지 지배의 대상으로 보는 것이다.

이를 보면 일본은 조약이라는 문서가 형식적으로 존재하기만 하면 그 과정에서 폭력이나 협박이 사용되어도, 그리고 그 내용이 아무리 정의와 상식에 반하더라도, 합법이라고 보는 듯하다. 당시 체결한 조약들에 대해서도, 강박, 전권위임장 및 비준의 결여 등 여러 법률적 하자가 있지만, 이 책에서 그런 세세한 부분까지 언급하지는 않는다. 그렇더라도, 이러한 일본의 입장은 강도가 집 주인에게 칼을 들이대고 집의 양도각서를 쓰게 해놓고 각서가 있으니 집을 빼앗은 것이 적법하다고 주장하는 것과 다를 바 없다. 법을 정의의 구현이 아닌 형식적 합법화 수단으로 보는 것이다.

일본이 한국 침탈을 적법하다고 주장하는 논리도 이러한 형식적 법 이해에 기반해 있다. 한일강제병합이 있은 지 100년이나 지난 2010년에야 비로소 일본의 간 나오토菅直人 총리는 처음으로 식민지 지배가 한국인들의 뜻에 반해서 이루어졌음을 인정하였다. 그러나 여전히 그것이 불법이라고 인정하지는 않는다. 식민지 지배가 강제로 이루어진 것과 그로 인해 한국인들에게 엄청난 고통과 피해를 주었다는 것까지 인정하면서도, 그래서 '반성'과 '사과'를 언급하면서도, 끝내 적법하다는 것이다. 이것은 "강도행위를 했지만 불법은 아니다"라고 말하는 것과 마찬가지의 궤변이다. 의사에 반해서 피해를 주었다면 특별히 정당한 사유가 없는 이상 위법한 것이 법의 일반적인 원칙이다.

사견으로는 일본이 과거사에 아직도 발목이 잡혀 있는 가장 중요한 이유는 과거행위의 불법성을 깨닫지 못하고 있기 때문이라고 생각한다. 일본이 '진정한' 반성과 사과를 할 수 없는 것도 보다 근본적으로는 바로 이 불법성 인식이 결여되었기 때문으로 보인다. 불법적 행위를 한 적이 없는데 어떻게 과거를 '진정으로' 반성하고 사과할 수 있겠는가?

일본이 불법성을 인정하지 않는 바람에 한일 간에는 여전히 많은 문제들이 감정적으로는 물론이고 법적으로도 해결되지 못하고 있다.

2012년 한국 대법원은 식민지 지배와 직결된 손해배상은

1965년 청구권협정 당시 해결되지 않았고 따라서 피해자들의 일본에 대한 개별적 손해배상청구권은 여전히 잔존한다는 판결을 내렸다. 1965년에 일본이 한국에게 경제협력자금으로 5억 달러를 유·무상으로 제공하면서 청구권 문제가 완전히, 최종적으로 해결되었다는 내용의 이른바 청구권협정을 체결했지만, 당시 일본이 식민지배의 불법성을 인정하지 않았기 때문에 불법을 전제로 해야만 발생할 수 있는 손해배상청구권이 위 협정으로 소멸되었다고 볼 수는 없다는 것이었다.

위안부 문제만 보더라도 일본의 적법성에 대한 인식이 얼마나 상식과 괴리되어 있는지 알 수 있다. 일본은 1993년 고노 담화河野 談話를 통해서 위안부 모집에 강제성이 있었고 일본 정부도 이에 가담했다는 사실을 인정하였다. 그러면서도 지금까지 그것이 불법은 아니라고 한다. 이것은 "강간은 했지만 불법은 아니다"고 말하는 것과 다를 바 없다.

일본이 한반도 침탈의 불법성을 인정하지 않는 것은 영토 문제에도 영향을 미치고 있다. 일본은 카이로 선언의 '탐욕과 폭력으로 취득한 영토'에 한국의 영토는 포함되지 않는다고 주장하고 있다. 한반도 침탈이 합법적이라고 주장하기 때문에 그 과정에서 독도를 편입하고 지배한 것만을 떼어내서 불법이라고 인정할 리가 없는 것이다.

어떤 불미스러운 일이 일어난 경우, 잘못을 따지고 그 잘못을

주한일본대사관 앞에 설치된 위안부 평화비 소녀상

인정하고 그에 따른 책임을 지고 나면 새로운 출발을 기약할 수 있다. 법률적으로 합의서를 작성하거나 국가 간에 전쟁 후 평화조약을 체결하는 것도 같은 맥락이다. 이렇게 하고 나면 감정적 상처는 시간이 지나면서 옅어질 수도 있다. 수술을 할 때 환부를 제대로 도려내야 건강한 회복과 완치를 기대할 수 있는 것과 같다. 그러나 일본은 한국과의 과거사에 대해서 불법성을 인정한 적이 없기 때문에 세월이 아무리 흘러도, 서로 아무리 새 출발을 약속해도, 자꾸만 덧나는 것이다.

일본 측은 전쟁을 합법으로 보았던 그 당시의 국제법상으로는 자신들의 침략행위가 적법하였다고 주장하기도 한다. 일본의 한반도 침탈과정은 그 당시 국제법에 비추어 보더라도 위법적 요소가 적지 않지만, 필자가 여기서 말하는 '불법성'의 인식이라는 것은 단지 '그 당시의 국제법'을 말하는 것이 아니다. 이는 일본의 과거 행위들이 시대를 초월하여 인류가 보편적으로 지향해야 하는 법과 정의에 반하는 것이었다고 인식하는 것을 말한다.

다시 말해서, 한 국가가 마음대로 다른 나라의 황제를 내쫓고, 왕비를 죽여서 불태우고, 대신들의 회의 장소에 무장군인을 대동하고 들어가서 대신들을 협박해서 한 나라의 외교권을 빼앗는 조약을 체결하도록 만들고, 허가 없이 군대를 주둔시킨 후 떠나지 않고, 영토를 마음대로 사용하고, 외교권을 박탈하고, 고위 관료를 자국민으로 임명하고, 다른 나라 국민들의 이름, 언어를 자국의 것으로 바꾸어버리며, 다른 나라 국민들을 자신들이 일으킨 전쟁에 징발하고 성노예 행위까지 강요하는 그런 행위들이 인류의 보편적인 법과 정의에 반하는 행위임을 인정하는 것이다.

국제법도 얼마 지나지 않아 이러한 보편적 법과 정의에 부합하는 방향으로, 다시 말해 타국의 임의적 주권 박탈, 폭력의 사용, 강압적인 조약 체결 등의 행위에 대한 위법성을 인정하는 쪽으로 방향을 선회하였다. 일본이 이런 사정들을 잘 알고 있으면서도 오늘날까지도 당시 미성숙한 국제법을 핑계로 과거의 행위를 정당화하려고 하기 때문에 과거사가 정리되기 어려운 것이다.

어떤 사람들은 일본이 불법성을 끝까지 인정하지 않는데 이제 와서 한국이 계속 불법성을 따지는 것이 무슨 의미가 있는지 의문을 제기하기도 한다. 그러나 일본의 불법성 인식은 재발 가능성과 밀접한 관련이 있기 때문에 이것은 단지 과거의 문제가 아니다.

더구나 일본의 수상이나 정관계 주요 인사들이 전쟁을 일으킨 범죄자들의 위패가 있는 야스쿠니 신사를 정기적으로 참배하고, 자라나는 후속 세대가 읽는 교과서에 과거의 불법행위들을 미화하며, 수상이 '침략'의 정의는 보는 각도에 따라서 다르다고 하고, 군비를 증강하고 교전권을 박탈한 평화헌법을 개정하려고 하며, 주변 국가 침탈과정 중에 편입한 섬을 자국이 적법하게 취득하였다고 주장하니, 주변 국가들로서는 불안하고 경악할 수밖에 없다. 만일 독일 총리가 히틀러의 무덤을 정기적으로 참배하고, 나치의 행위가 보는 각도에 따라 다를 수 있다고 하며 군비를 증강해나가고, 독일 교과서는 나치의 행위를 미화한다면 주변 국가들이 어떻게 느낄 것인가?

반대로 일본이 자신들의 과거 행위가 시대를 초월하여 인류 보편적인 법과 정의에 반한다고 인식하고 인정한다면, 그것은 수십 차례의 '사과'와 '반성'에 관한 언급보다도 재발 방지에 관한 한층 더 무거운 신뢰감을 줄 수 있다. 일본이 과거사에 대한 불법성을 보다 깊이 인식할수록 일본의 발목을 잡고 있던 과거사로부터 벗어나 주변국들과 새롭고 돈독한 관계를 형성할 수 있을 것이다.

이처럼 일본이 한반도를 한창 침탈하던 과정 중에 일본의 독도 불법 편입이 발생하였다. 이러한 과정을 유념하면서 다음 장에서는 초점을 보다 미시적으로 맞춰서 독도와 직접 연관되어 발생한 사건들을 살펴보고자 한다.

02

일본의 독도 편입

나카이 요자부로의 독도 편입 및 임대 청원

오늘날 한일 간 독도 문제는 1905년 일본의 독도 편입으로부터 비롯되었고, 이 독도 편입은 나카이 요자부로中井養三郎라는 인물로부터 시작되었다.

나카이는 흔히 어부로 알려져 있는데, 그렇다고 직접 고기를 잡은 사람은 아니고 어업을 통해서 큰 사업을 도모하던 사업가라고 하는 편이 옳을 것 같다. 나카이는 원래 러시아 블라디보스토크Vladivostok와 일본 오키섬隱岐島 근해에서 잠수 장비를 사용한 어업을 하고 있었다. 그러던 중 우연히 독도에 많은 강치가 서식한다는 것을 알게 되었다.

강치를 물속에 사는 물고기로 오해하는 사람들도 있는데, 이는 바다사자의 일종이다. 물개와 형태는 유사한데, 덩치가 몇 배나 크다. 또한 물속에서 지낼 때도 있지만 번식과 출산 등을

동해 연안에 서식하는 바다사자의 일종인 강치는 오징어, 물고기 등을 먹고 산 것으로 추정되며, 지금은 멸종된 것으로 알려져 있다.

위해 물 밖에 있는 바위에 올라와서 지낼 때도 많다.

나카이는 1903년 5월 독도에 어부 10여 명을 데리고 가서 움막을 짓고 본격적인 강치잡이에 착수하였다. 당시는 러일전쟁이 임박하였다는 소문이 무성한 때여서 가죽 값, 기름 값이 급등했는데, 강치를 잡으면 가죽을 얻고 기름을 추출할 수 있었으니 독도의 바위 위에 강치가 지천으로 널려 있는 것을 보고 나카이는 노다지를 발견했다고 생각하였을 것이다. 독도를 임대함으로써 강치어장을 독점하고 싶어진 나카이는 그 방법을 물색하기 시작하였다.

나카이는 강치잡이가 끝난 직후 1904년 9월 도쿄로 올라가 어업을 관할하는 주무부서인 농상무성을 찾아갔다. 여기서 주목할 점은 나카이가 농상무성 수산국장 마키 보쿠신牧朴眞을 만났을 때, 독도가 조선령이라 믿고서 조선 정부로부터 독도를 임차할 수 있는 방안을 문의하였다는 것이다. 그런데도 한국 정부가 아닌 일본 정부를 찾아간 것은 당시 일본인이 한국의 영토나 시설을 임차하고자 할 경우 일본 정부에 요청해야 했기 때문이다. 특히 한 달 전인 1904년 8월 22일에는 〈제1차 한일협약〉이 체결된 상태로서, 이미 조선은 일본 고문의 말을 듣고 정책을 결정해야 하는 처지에 있었다.

그런데 마키 보쿠신은 독도가 한국령이 아닐지도 모르므로 해군 수로부장인 기모쓰키 가네유키肝付兼行에게 확인할 것을 권유하였다. 이에 나카이는 곧바로 기모쓰키 수로부장을 찾아갔다.

기모쓰키는 측량전문가로 16년간 해군성 수로부장을 지내고 해군 중장에까지 오른 인물이다. 그는 일본 해군 수로국에서 발행한《조선수로지》朝鮮水路誌, 1894, 1899의 편찬 책임자이기도 하다.《조선수로지》제4편 '조선 동안 및 제도'에서는 독도를 울릉도와 함께 소개하고 있는 반면,《일본수로지》日本水路誌, 1892 제4권 제3편 '본주 북서안'에는 오키섬은 기재되었지만 독도는 기재되지 않았다. 이로 미루어볼 때 기모쓰키도 독도가 조선령이라고 인식하였던 것으로 보인다.

그럼에도 불구하고 기모쓰키는 나카이에게 "독도는 주인 없는 땅이며, 본토로부터의 거리도 일본 쪽이 10해리는 더 가깝다"고 설명하였다.

이에 나카이는 1904년 9월 29일자로 일본 정부에게 독도를 편입한 후 자신에게 임대해줄 것을 청원하는 문서를 내무성, 외무성, 농상무성 대신 앞으로 제출하였다. 당초 조선 정부에 임대 청원을 하고자 일본 정부를 찾아갔던 나카이는 일본 정부 당국자들과 상의하고 나더니 한 달 후에는 당초 계획을 변경하여 일본 정부를 상대로 독도를 편입해서 임대해달라는 청원을 하게 된 것이다.

일본 내무성의 독도 한국령 인식과 태정관지령

나카이의 청원에 대하여 당시 내무성 당국자인 이노우에井上 서기관은 "이 시국에 한국령으로 여겨지는 풀 한 포기 나지 않는 암초를 얻어 우리를 주목하는 여러 나라에게 일본이 한국을 집어삼키려는 야심이 있다고 의심하게 하는 것은 득보다 실이 많으며, 일을 성사시키는 것이 결코 쉽지 않다"라고 말하며 나카이의 청원이 각하될 것이라고 하였다.

이노우에 서기관이 언급한 '이 시국'에는 당시의 몇 가지 상황이 관련될 수 있다. 하나는 러일전쟁이 벌어지고 있는 상황이고, 다른 하나는 한반도 침략이 진행되고 있는 상황이다.

일본은 진작부터 조선은 물론 청나라나 러시아 등으로부터 조선을 집어삼키려는 의도가 있다고 의심받아왔다. 그러나 일본은 한국의 반발과 국제적인 견제를 피하기 위해 이를 지속적으로 부인하였다. 나카이가 청원하기 불과 얼마 전인 1904년 2월 일본이 러일전쟁을 구실로 서울에 군대를 주둔시키고 〈한일의정서〉를 체결할 때에도 일본은 한국의 독립을 확실하게 보증한다는 조항을 삽입함으로써 한국 침략 의도를 감추려고 하였다. 그러니 이 상황에서 한국령으로 여겨지는 독도를 편입한다면 한국에 대한 침략 의도가 국제적으로 노출될 수 있다는 우려를 한 것으로 보인다.

여기서 흥미로운 점은 당시 내무성의 이노우에 서기관도 독도를 한국령으로 보고 있었다는 것이다. 그런데 어떻게 하여 일본 내무성 관리가 당시 독도를 한국령으로 인식하고 있었던 것일까? 그것은 약 30년 전에 이미 내무성이 독도가 한국령이라는 결론을 내린 바 있었기 때문이었다.

약 30년 전인 1876년으로 거슬러 올라가 보자. 당시 9년차였던 메이지 정부는 근대적인 지도와 지적 편찬사업을 하던 과정에 울릉도를 지적에 포함시킬 것인가 라는 문제에 봉착하였다. 이에 내무성은 시마네현에 울릉도를 시마네현 지적에 편입시켜도 되는지를 내무서에 질의해줄 것을 권고하였고, 이에 따라 시마네현은 자료를 조사한 후 울릉도와 독도를 지적에 편입해도 되는지에 대하여 내무성에 "일본해 내 죽도울릉도 외 일도 지적 편찬 방사"日本海内竹島外一島地籍編纂方伺를 제출함으로써 정식으로 허가를 구하였다.

이에 내무성은 나름대로 울릉도쟁계를 면밀히 조사한 결과 울릉도와 독도가 1699년 조선령으로 매듭지어졌다는 결론을 내렸다. 그러나 영토 문제는 중요하기 때문에 독자적으로 결정할 수 없다고 본 내무성은 국가최고기관인 태정관太政官에게 최종적인 결정을 구하였다. 태정관은 일왕 바로 아래의 국가 최고의결기관으로서 입법·행정·사법 기능을 모두 총괄하고 있었다.

내무성의 요청을 받은 태정관은 심사 결과 1877년 "죽도 외 일도(울릉도와 독도)를 일본의 판도 외로 정한다", "죽도 외 일도는 일본과 관계가 없다"는 결정을 내렸다. 이 지령문에는 총 7개의 도장이 찍혀 있는데, 인감을 검토해보면 태정관 소서기관, 태정관 우대신右大臣, 태정관 조사국장관, 태정관 대서기관, 대장경大藏卿, 외무경外務卿, 사법경司法卿 등의 날인이 있다. 즉, 태정관 직원들 외에 대장경, 외무경, 사법경 등 오늘날로 치면 경제부, 외무부, 법무부 등도 날인한 것이다.

일부 일본 학자들은 태정관지령은 울릉도와 독도가 일본령이 아니라고 했을 뿐 조선령임을 인정한 것은 아니라는 변명을 하기도 하지만, 이는 태정관지령이 조선과 있었던 울릉도쟁계를 검토한 결과임을 간과한 주장이다. 이후 독도 편입이 있었던 1905년까지 메이지 정부에 의해 제작된 6~7종의 관찬지도 역시 하나같이 울릉도와 독도를 조선령으로 표기하였다. 일본 측

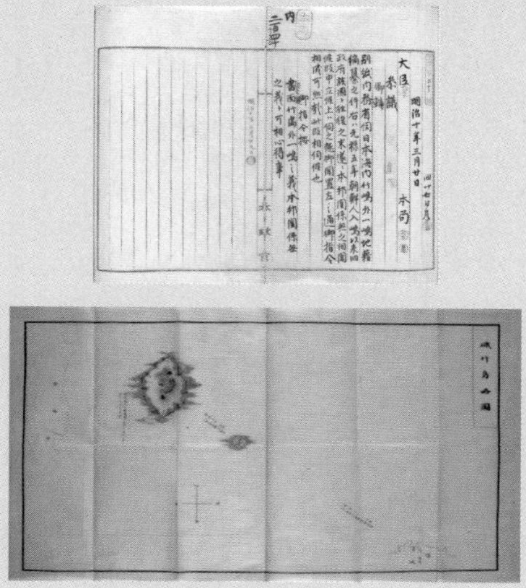

일본의 태정관지령과 그 부속 지도인 ‘기죽도약도’

은 태정관지령의 ‘죽도 외 일도’ 중 ‘일도’가 독도가 아니라는 주장을 하기도 한다. 그러나 시마네현이 내무성에 질의할 당시에 첨부한 ‘기죽도약도’磯竹島略圖라는 지도와 ‘유래의 개략’이라는 경위서를 보면 이 ‘일도’가 과거 일본이 독도를 칭하던 ‘송도’임을 명확하게 알 수 있다.

이에 대해 일본 측은 태정관이 시마네현이나 내무성이 제출한 자료가 아닌 다른 자료를 참고했으므로 위 자료들 중에 독도가 지칭되었다고 해서 태정관이 특정한 '죽도 외 일도'가 울릉도와 독도를 의미하는 것은 아니고, 특히 이 당시에는 일본이 울릉도에 대한 명칭을 혼동하여 '죽도'와 '송도' 모두 울릉도를 칭하는 것으로 사용하고 있었다는 합리성을 결여한 주장을 하고 있다.

여기서 태정관지령과 관련한 일화를 하나 소개하고자 한다. 태정관지령은 1987년 호리 가즈오堀和生라는 교토대학 교수가 "1905년 일본의 다케시마竹島 영토 편입"이라는 논문에서 언급하면서 세상에 널리 알려졌다. 그런데 호리 교수가 국립공문서관에서 태정관지령을 열람할 때 자신보다 앞서 그 자료를 열람한 사람을 찾아보았는데 그 중에는 가와카미 겐조川上健三의 이름이 있었다고 한다.

가와카미 겐조는 제2차 세계대전 종전 이후 일본 외무성에 근무하면서 독도 문제에 관여한 외교관으로, 오늘날 일본의 대부분의 논리는 그가 기초한 것이라고 해도 과언이 아니다. 그가 쓴 저서인 《다케시마의 역사지리학적 연구》竹島の歴史地理学的研究, 1966는 일본의 독도 연구의 바이블이다. 그러나 이 책 어디에도 태정관지령에 대한 언급은 없다.

일본 외무성의 안보적 고려

내무성 관리가 청원이 각하될 것이라고 하자 마키 수산국장도 외교상 문제가 있다면 도리가 없다고 답하였다. 그러나 나카이는 포기하지 않고 지인의 소개를 통해 외무성의 정무국장인 야마자 엔지로山左円次郎를 찾아갔다.

나카이의 말을 들은 야마자는 "작은 바위섬 편입은 사소한 일일 뿐이며 내무성과 같은 외교적 고려는 필요하지 않다, 외교 문제는 다른 사람이 관여할 일이 아니다"고 하였다. 아울러 "망루를 세우고 무선 또는 해저전선을 설치하면 적함 감시에 극히 편리하다, 현 시국이야말로 독도 편입이 시급하게 필요하다"고 하면서 오히려 나카이에게 서둘러 청원서를 외무성으로 보낼 것을 촉구하였다.

야마자가 '망루'나 '해저전선' 등을 언급한 것은 바로 얼마 전 일본이 울릉도에 망루와 해저전선을 설치한 것과 관계가 있다. 일본은 이미 그해 초부터 한일의정서에 따라 한국 영토를 자신이 필요한 대로 사용하고 있었다. 특히 울릉도에서는 한일의정서가 체결되기 전부터 일본의 지배가 시작되고 있었다. 1901년에 이미 울릉도에 거주하는 일본인의 수는 550명 정도였고, 1902년에는 울릉도에 경찰주재소를 설치하고 일본인 경찰을 상주시켰다. 대한제국 정부가 철수를 요구했지만 일본은 물러가지 않았다.

1904년 러일전쟁이 시작되고 한일의정서가 체결된 직후부터 일본은 보다 적극적으로 울릉도를 지배하였다. 울릉도에는 일본 우편수취소가 설치되고6월, 두 개의 망루가 설치되었으며8월, 해저전선도 부설되었다9월. 외무성 정무국장으로서 이러한 작업에 관여했던 야마자는 울릉도 외에 독도에도 이런 시설을 설치할 구상을 했던 것이다. 나카이는 경제적 이익 취득을 위해서 독도 편입과 임대를 시도한 반면, 야마자는 러일전쟁에서의 효용이라는 안보적인 관점에서 독도 편입을 추진한 것이었다.

야마자가 내무성과 같은 외교적 고려, 즉 다른 나라에게 한국을 침탈할 의도를 노출시키지 않으려는 고려는 할 필요가 없다고 판단한 것도 주목된다. 일본은 그동안 국제적 견제와 한국의 반발을 피하기 위해 한국 침탈 의도를 숨겨왔지만 야마자는 이 시점에서 그런 고려가 더 이상 필요치 않다고 본 것이다. 야마자는 왜 더 이상 그러한 고려가 필요없다고 본 것일까?

당시 이미 일본은 청나라로부터 청일전쟁 직후 조선의 지배권을 인정받았고, 러시아와는 조선 지배권 등을 놓고 이미 전쟁을 시작한 이후였다. 또한 조선에서는 일본이 군대를 주둔시키고, 조선의 영토를 임의로 사용할 수 있도록 하는 〈한일의정서〉와 조선 정부가 일본 고문의 말에 따라 정책을 시행해야 한다는 〈제1차 한일협약〉을 체결하여 지배권 장악을 완료한 상태였다. 따라서 일본의 한반도 침탈 야욕을 이미 더 이상 감출 수도 없고 감출 필요도 없는 상황이었던 것이다.

일본 내각의 편입 결정

결국 일본 내각은 1905년 1월 28일 각의에서 나카이의 청원을 승인하였다. 이에 따라 내무성은 2월 15일자 훈령 제87호로 각의의 결정을 관내에 고시하도록 시마네현 지사에게 지령했고, 시마네현 지사는 1905년 2월 22일 훈령에 따라 다음과 같이 '시마네현 고시 제40호'島根縣 告示 第40號, 울릉 문서를 고시하였다.

> 북위 37도 9분 30초, 동경 131도 55분, 오키도隱岐島로부터 서북 85리에 있는 도서를 다케시마라 칭하고 이제 본현 오키도사의 소관으로 정하여짐.

당시 편입을 신청했던 나카이도 독도를 한국령이라고 생각했고, 그에게 편입을 조언한 기모쓰키 수로부장도 독도를 조선령으로 본 책을 편찬했으며, 내무성이라는 일본의 국가기관 관리도 독도를 한국령으로 보았다. 편입을 하자고 주장한 외무성도 독도가 본래 일본 땅이라는 것이 아니라 적함 감시에 편리하다는 점을 근거로 들었다. 이런 상황에서 내각이 독도 편입 결정을 한 것이다.

그렇다면 대체 당시 일본 내각은 무슨 근거로 독도를 편입한 것일까? 당시 일본 내각결정문을 보면 빈약하나마 그 국제법적 근거가 기재되어 있으므로 여기서 이를 소상하게 살펴보기로 한다.

내각결정문의 요지는 첫째, 독도에는 다른 나라가 점령하였다고 인정할 만한 형적이 없고, 둘째, 나카이가 1903년 이래 이 섬에 막사를 짓고 인부를 이동시켜 어업에 종사해왔기 때문에, 국제법상 '점령'이 있는 것으로 인정된다는 것이었다.

국제법상 영유권 판단 기준

국제법상 '점령'이라는 것은 한국에서 흔히 '선점'이라고 번역하는 'occupation'이라는 영토 취득의 권원을 의미한다.

여기서 국제법상 영유권 판단 기준이 무엇인지를 간략하게 설명하고자 한다. 국제사회에는 국내와 달리 국가들을 모두 구속하는 국회나 정부가 존재하지 않기 때문에, 국제법은 국내법과 같이 일사불란한 형식적 체제 대신 관습법과 조약의 형식으로 존재한다.

국제관습법은 국가 사이의 관행들 중에서 법적 구속력이 있

영토 권원(title to territory)

영토 권원이란 그 영토에 대한 영유권을 행사할 수 있도록 뒷받침해주는 법적인 근거를 말한다. 영유권(territorial sovereignty)이란 한 나라의 주권의 여러 형태들 중에서 영토에 대하여 행사하는 주권을 일컫는다. 따라서 영유권을 적법하게 행사하기 위해서는 권원을 취득해야 하고, 영유권을 행사하고 있으면 권원을 적법하게 취득한 것으로 추정할 수도 있다.

다고 받아들여지는 것을 말한다. 조약은 해당 국가들 사이에서만 구속력을 미치는 국가들 간의 문서상 합의라고 할 수 있다. 영유권 법리와 관련해서는 모든 국가를 구속하는 조약이 존재하지 않기 때문에 해당 당사국 간에 관련 조약이 없다면 국제관습법상의 영유권 판단 기준이 결정적이다. 그렇다면 국제관습법상의 영유권 판단 기준은 무엇일까?

법적으로 어떤 땅이 누구 땅인지를 판단하는 기준에는 오래전부터 두 가지 방식이 존재하였다. 하나는 '처음에 누가 그 땅을 취득했는가'이고, 다른 하나는 '누가 그 땅을 사용해왔는가'이다. 국내법상으로도 권리자로부터 어떤 땅을 양도받은 사람이 소유권을 취득하지만, 다른 한편으로 어떤 사람이 어떤 땅을 20년 동안 주인처럼 평화롭게 점유하면 당초 주인이 아니었더라도 소유권을 취득하는 취득시효 제도도 있다.

이 두 가지 사고방식은 국제법에도 반영되었다. 서구 국가들이 식민지 확보 경쟁에 나서면서 어느 영토가 어느 국가에게 귀속되는지가 문제시되었고, 이를 해결하는 과정에서 영토에 관한 법리가 보다 구체화되었다. 이때 등장한 것이 바로 전통적으로 영토 취득 권원으로 인정되어온 할양, 정복, 시효, 자연작용, 선점 등 5가지 권원들이다. 할양은 국가 간의 합의로 영토가 이전되는 것이다. 정복은 무력 사용이 불법화된 오늘날 더 이상 적법한 권원으로 인정받지 못한다. 시효는 오랜 시간 어떤 영토를 지배함으로써 권원을 취득하는 것이다. 자연작용으로 영토가 확장되거나 상실되는 경우도 있다. 선점은 주인이 없는 땅인 무주지를 처음으로 발견하고 약간의 실효적 지배를 함으로써 권원을 취득하는 것이다.

정복이 권원 중 하나인 점에서 볼 수 있듯이 이들 권원들은 주로 서구 제국주의 국가들의 관점에서 비롯된 것이다. 선점의 요건들 중 하나인 무주지라는 것도 서구 국가들 중에 주인이 없다는 의미였다. 이들 5가지 권원론은 영토를 '취득'하는 국면에 초점을 맞추고 있다는 점에서 위에서 소개한 두 가지 판단 기준 중 전자에 입각한 것이다.

그러나 통상 국가들 사이에서 일어나는 실제 영토 분쟁에서는 역사가 오래되어 '취득' 당시에 대한 기록이 제대로 남아 있지 않을 때가 많다. 또한 국가들 사이의 영토에 관련된 이해관계는 수백 년에 걸쳐 전개되는 경우가 허다한데, '취득' 단계에만 집중해서는 이후의 영토와 관련하여 전개되는 역동적이고 지속적인 상황을 제대로 포섭하고 평가할 수 없다. 이 때문에 그동안 나온 영토 분쟁에 관한 국제 판례에서는 위의 5가지 권원론 대신 어느 나라의 이른바 실효적 지배 실적에펙티베떼라는 용어도 쓴다이 우월한가를 기준으로 영유권을 판단하여왔다. 위 두 가지 판단 기준 중 후자에 보다 무게를 두게 된 것이다.

'실효적 지배'라는 개념은 학자마다 조금씩 다르게 포착하기도 하지만, 여기서는 편의상 막스 후버Max Huber 재판관이 1928년 팔마스Palmas섬 사건에서 정의한 "평화적이고 지속적인 국가 권력의 행사"를 실효적 지배로 부르기로 한다. 영토 분쟁과 관련하여 가장 중요한 판결이라고 할 수 있는 팔마스섬 사건에서 막스 후버 재판관은 위 5가지 권원들의 본질적인 공통점으로서 실효적 지배를 추출하였다. 즉, 할양이든, 시효이든, 선점이든, 첨부든, 그 본질을 잘 살펴보면 어떤 국가가 평화적이고 지속적으로 그 영토에 대해 권력을 행사한다는 공통점이 있으므로, 영유권을 판단할 때에도 어느 국가가 보다 강하고 우월한 실효적 지배를 행사했는지를 기준으로 삼을 수 있다고 본 것이다. 이후 나온 대부분의 국제 판례도 주로 실효적 지배라는 기준으로 영유권을 판단하고 있다.

이처럼 영유권 판단 기준의 무게 중심이 전통적인 5가지 권원론에서 실효적 지배로 옮겨감에 따라서 일본의 독도 영유권 주장 근거도 변화된 것을 관찰할 수 있다. 즉, 1905년에는 5가지 권원 중 하나인 '선점'을 근거로 삼았지만 국제 판례에서 실효적 지배라는 판단 기준이 확립되기 시작한 이후부터는 주로 일본이 독도에 대한 실효적 지배를 하였음을 내세우고 있다.

일본 '선점'의 타당성

앞서 언급한 일본의 내각결정문은 독도 영유권 취득의 국제법적 근거를 '점령'에서 찾고 있다. 여기서 '점령'이라는 것은 흔히 '선점'이라고 번역하는 'occupation'이라는 영토취득의 권원을 의미한다. 그런데 일본은 국제법상 적법하고 유효하게 '선점'을 한 것인가? 이를 판단하기 위해서는 국제법상 선점의 요건을 살펴보아야 한다.

선점의 요건은 두 가지로 구분할 수 있다. 첫째는 해당 영토가 무주지여야 한다는 것이고, 둘째는 그 영토에 대하여 실효적 지배를 해야 한다는 것이다. 일본 내각결정문을 보면 바로 이 두 가지 요건에 입각해서 기술하고 있다는 것을 알 수 있다. 즉, 독도를 다른 나라가 점령한 형적이 없다는 것은 독도가 '무주지'라는 주장이고, 나카이가 1903년부터 독도에서 어업에 종사하였다는 것은 일본이 선점에 필요한 '실효적 지배'를 하였다는 주장이다.

그러나 일본은 이 두 가지 요건을 모두 충족하였다고 할 수 없다. 먼저 첫 번째 요건인 무주지 여부에 대해서는, 독도는 예전부터 한국의 영토였기 때문에 무주지가 아니다. 한국에서는 독도 영유권의 근거에 관한 다양한 설명들이 존재하지만 사견으로는 다음의 다섯 가지 근거로 일본의 편입 전에 한국이 이미 독도에 대한 시원적 권원original title을 취득하였다고 본다.

첫째, 한국은 고대부터 우산국于山國에 대하여 실효적 지배를 행사하여왔는데 우산국의 판도에는 울릉도 외에 독도가 포함

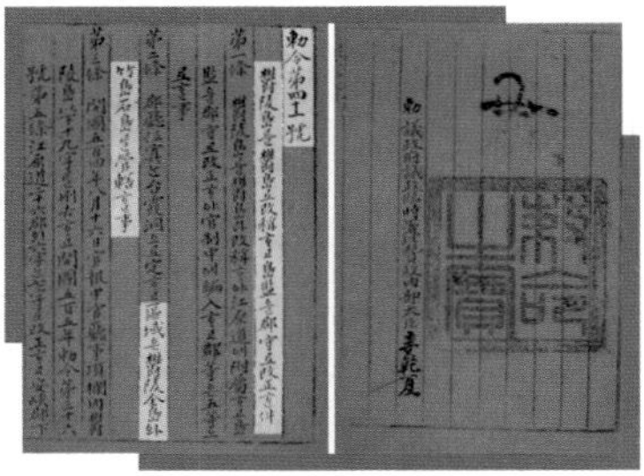

1900년 고종이 발령한 칙령 제41호

되어 있었다. 둘째, 과거 한일을 통틀어 대부분의 역사적 문서에서 울릉도와 독도는 하나의 섬 또는 같은 권역으로 취급되어 법률적인 운명을 같이 해왔다. 셋째, 1690년대 울릉도의 영유권을 놓고 한일 양국이 논쟁을 벌인 결과 일본이 울릉도가 한국령임을 인정한 사건인 이른바 '울릉도쟁계'鬱陵島爭界 당시, 양국 간에 울릉도와 함께 독도도 한국령임을 확인하는 합의가 이루어졌고 이 사실은 이후 일본의 태정관, 내무성 등도 인정하였다. 넷째, 1900년 고종高宗이 발령한 칙령 제41호에 따라 독도를 울릉도, 죽도竹島 등과 함께 울도군수의 관할에 두고 관리하는 등 근대에도 실효적 지배의 흔적들이 있다. 다섯째, 국제 판례에 따르면 독도와 같이 사람이 살기 어려운 곳의 실효적 지배는 장기간 다른 나라가 권원을 주장하지 않은 사정을 근거로 해서도 인정되는데, 1905년 일본의 편입 이전에는 오랜 세월 동안 일본을 비롯하여 다른 나라가 독도에 대한 권원을 주장한

적이 없다.

다음으로 당시 일본은 두 번째 요건인 실효적 지배도 충족하지 못하였다. 실효적 지배는 '국가'의 권력 행사가 핵심이고 국가의 행위는 원칙적으로 공무원에 의해서 이루어져야 하는데, 나카이 요자부로는 사인私人일 뿐이기 때문이다. 게다가 출어를 하고 독도에 막사를 지은 것은 국가의 '권력행사' 행위에 해당되지 못한다.

이러한 이유로 당시 일본은 국제법상 선점의 요건을 갖추지 못했고, 이를 근거로 한 독도 편입 결정은 국제법상 효력이 없다.

1항. 일본은 옛날부터 다케시마의 존재를 인식하고 있었습니다.

오늘날의 다케시마는 일본에서 일찍이 '마쓰시마'로, 반대로 울릉도가 '다케시마'나 '이소다케시마'로 불렸습니다. 다케시마와 울릉도의 명칭에 대해서는 유럽의 탐험가 등에 의한 울릉도 측위의 잘못으로 일시적인 혼란이 있었으나, 일본이 '다케시마'와 '마쓰시마'의 존재를 옛날부터 인지하고 있었던 것은 각종 지도와 문헌으로도 확인할 수 있습니다. 예를 들어, 경위선을 투영한 간행 일본지도로서 가장 대표적인 나가쿠보 세키스이(長久保赤水)의 '개정일본여지노정전도'(改正日本輿地路程全圖)(1779년 초판) 외에도, 울릉도와 다케시마를 한반도와 오키제도 사이에 정확하게 기재하고 있는 지도는 다수 존재합니다.

일본 외무성이 제작한《다케시마 문제를 이해하기 위한 10의 포인트》
(이하《다케시마 10포인트》라고 한다) 1항

6항. 일본정부는 1905년 다케시마를 시마네현에 편입하여, 다케시마 영유 의사를 재확인했습니다.

1. 오늘날의 다케시마에서 강치 포획이 본격적으로 행해지게 된 것은 1900년대 초기였습니다. 그러나, 곧 강치어업이 과열 경쟁 상태가 되자 시마네현 오키도인 나카이 요자부로는 사업의 안정을 도모하기 위해 1904(메이지 37)년 9월 내무, 외무, 농상부의 3대신에게 '리양코섬'의 영토 편입 및 10년간의 임대를 청원했습니다.

(주: '리양코섬'은 다케시마의 서양 이름 '리앙쿠르섬'의 속칭.)

《다케시마 10포인트》6항. 이 팸플릿에는 나카이와 내무성이 독도를 한국령이라고 본 사실, 그리고 당시 내각이 국제법상 '선점'을 근거로 삼았다는 사실은 감추어져 있다.

그런데 여기서 한 가지 지적할 부분이 있다. 앞서 본 바와 같이 일본 내각은 독도 편입 결정 당시 독도가 무주지임을 전제로 하였다. 독도가 무주지라는 것은 그 이전에는 일본의 영토도 아니었음을 의미한다. 내각결정문에도 일본의 실효적 지배의 근거로 고작 직전 2년 동안 대여섯 달의 어업만을 적시하였을 뿐, 그 이전의 사정은 나타나지 않는다.

그런데 일본은 1953년 한국 정부와 독도 영유권 논쟁을 벌이면서 독도가 '고대부터' 일본령이라고 주장하기 시작하였다. 이후 일본은 또 다시 입장을 바꾸어 현재는 '늦어도 17세기 중엽'에는 독도의 영유권을 확립하였다고 한다. 이후 또 입장이 바뀌어 현재는 1905년 독도 편입은 일본의 영유 의사를 재확인한 것이라고 한다.

이상의 독도에 대한 일본 정부 입장의 변천과정을 정리해보면, 1877년에는 조선령이라고 보았고태정관과 내무성, 1905년에는 무주지라고 보았으며내각, 1953년부터는 고대부터 일본령이라 주장했고, 현재는 늦어도 17세기에는 영유권을 확립하였다고 주장하고 있음을 확인할 수 있다. 이들 결론들만 놓고 보더라도 일본의 독도에 대한 입장이 일관성이 없고 모순된다는 것을 쉽게 알 수 있다.

울릉도와 독도의 최초 분리

사실 일본은 오래 전부터 독도보다도 울릉도에 눈독을 들여왔다. 지금도 만여 명이 살고 있을 정도로 면적이 넓고, 산림자원이나 어업자원이 풍부하며, 동해 한가운데 위치하여 바다를 장악하기 쉬운 지리적 이점이 있으니 탐이 날 만도 하다. 이 때문에 1690년대에는 한일 간에 울릉도 영유권 분쟁이 발생하였고 독도를 포함한 울릉도가 조선령으로 인정되었다.

강화도조약을 체결하고 한국을 개항한 후 일본인들은 울릉도로 몰려들었다. 1900년대 초에 이미 500명이 넘는 일본인이 울릉도에 거주하고 일본 정부가 울릉도에 불법으로 경찰주재소를 설치할 정도로 일본의 울릉도에 대한 탐욕은 노골적이었다. 1882년 임오군란 때 피해를 입은 일본이 배상 조건으로 울릉도 할양을 준비하기도 했고, 뒤에서 설명하겠지만 한국이 광복을 맞이한 직후 일본은 독도와 함께 울릉도가 일본령이라는 팸플릿을 만들어 미국 등에 배포할 정도로 울릉도에 대한 일본의 탐욕은 그치지 않았다.

그러나 울릉도쟁계 당시 울릉도 영유권이 확고하게 인정되었기 때문에 일본은 궁리 끝에 독도를 울릉도로부터 분리시킨 것이었다. 일본이 독도를 편입하기 전까지만 해도 독도는 역사상 울릉도와 별개로 취급된 적이 없었다. 독도는 수백 년 동안 존재했던 한일의 거의 모든 역사적 기록에서 울릉도와 함께 하나의 권역으로서 법률적 운명을 같이해왔다. 울릉도와 독도가 가깝다는 것이 가장 큰 이유이겠지만, 사견으로는 그와 아울러 대부분 바위로 이루어지고 물이 부족한 무인도인 독도가 오랜 시간 동안 독자적인 효용을 인정받지 못했기 때문으로 보인다.

그러다 강치잡이로 인해 독자적인 경제적 효용이 생기고, 러일전쟁으로 인한 안보적 효용도 생기면서 일본이 이를 사상 최초로 울릉도로부터 구분해내어 탈취하고자 한 것이었다. 이것은 마치 남의 칼을 호시탐탐 넘보던 도둑이 도저히 그 칼을 자기 것이라고 할 수 없게 되자 난데없이 칼이 네 것이지 칼집이 네 것은 아니지 않느냐면서 칼집만 빼앗아 가버린 격이다.

03

울도군수 심흥택의 대응

1906년 3월 27일, 시마네현 사무관 진자이 요시타로神西由太郎 등 관민 45명으로 구성된 조사대가 독도에 상륙해서 서도와 동도를 차례로 조사하였다. 이들은 다음 날인 3월 28일에는 울릉도를 방문하여 군수 심흥택을 만나 독도가 일본 영토로 편입되었다는 것을 알렸다. 편입이 있은 때로부터 1년 2개월이나 지난 시점이었다.

진자이가 이끄는 조사대가 독도·울릉도에 파견되었을 때는 이미 일본이 한국에 대한 지배권을 가진다는 것이 러시아, 미국, 영국 등 열강에 의하여 양해된 상황이었다. 한국에서는 일본군이 주둔하고, 국정은 일본인 고문이 결정하였으며, 외교권은 일본에게 박탈당한 상태였다.

이 와중에 독도가 일본에 편입되었다는 충격적인 소식을 접한 울도군수 심흥택은 바로 다음날인 1906년 3월 29일, "본군

소속 독도"라고 칭하면서 독도 편입 사실을 강원도관찰사에게 보고하였다. 강원도관찰사서리 춘천군수 이명래도 사안의 중대함과 긴급함을 인식한 듯 4월 29일자 호외보고서로 심 군수의 보고 내용을 그대로 의정부참정대신에게 보고하였다. 이 호외보고서는 1906년 5월 7일 의정부 외사국에 접수되었다.

이에 대하여 의정부의 최고 책임자인 참정대신 박제순은 5월 20일자 지령 제3호로 "독도가 일본 영지가 되었다는 설은 전혀 근거가 없으니 일본인이 어떻게 행동하였는지를 다시 조사 보고할 것"을 지령하였다. 박제순은 을사늑약에 찬성한 이른바 을사오적 중 한 사람이었는데 그조차도 독도가 일본령이 되었다는 것은 받아들일 수 없었던 것이다.

이후 대한제국 정부가 이에 따라 조치를 취했는지 여부에 대해서는 기록을 찾을 수 없다. 그러나 당시 대한제국 정부는 이미 일본의 통제하에 있었기 때문에 일본 정부에게 이의를 제기하고 싶어도 할 수가 없는 상황이었다.

울도군수 심흥택이 독도 편입 소식을 듣자마자 위와 같은 조치를 취한 것은 독도가 울도군수의 관할범위 내에 있었기 때문이다. 1900년 대한제국 황제의 칙령 제41호는 석도(독도)를 울도군수의 관할에 포함시켰다. 심흥택의 독도 편입에 대한 대응조치는 칙령 제41호에 나오는 '석도'가 독도임을 뒷받침하는 증거가 되기도 한다.

또한 울도군수 심흥택이 일본의 독도 편입 소식을 중앙 정부에 긴급하게 보고한 점, 그 보고서에 독도를 "본군 소속"이라고 표현한 점, 강원도관찰사나 의정부의 참정대신도 독도를 우리나라 영토로 분명하게 인식하고 관련 조치를 지시한 점 등은 당시 대한제국 정부가 체계적으로 독도에 대한 실효적 지배를 행사하고 있었다고 보기에 충분하다. 그러나 일본의 팸플릿 《다케시마 문제를 이해하기 위한 10의 포인트》에는 이러한 사실에 관한 언급이 없다.

한편, 심흥택 보고서를 가장 먼저 알린 것은 역사학자인 고려대학교의 고故 신석호 교수였다. 신 교수는 1947년 8월 울릉도청에서 보고서 부본을 발견하고 논문을 발표하였다. 1953년 한일 간에 독도 논쟁이 벌어졌을 때 일본은 심흥택 보고서의 원본을 본 적이 없다고 지적하기도 하였다. 그런데 이후 울릉도청에서 그 보고서 부본을 찾을 수 없었다. 여러 가지 사정으로 소실된 것으로 추측될 뿐이다. 그러다 단국대학교의 송병기 교수가 1978년 서울대학교 규장각에서 강원도관찰사서리 춘천군수 이명래가 1906년 4월 29일자로 의정부참정대신에게 올린 "보고서호외"報告書號外를 발견했는데, 이 문서에는 심흥택 군수의 보고 내용과 그 이후의 조치가 보다 상세하게 기록되어 있었다.

04

식민지 지배와 독도

1910년의 한일강제병합 이후에는 한국 전체가 일본령이었으니 독도도 일본령으로 관리될 수밖에 없었다.

시마네현은 이미 1905년 독도를 편입한 직후부터 독도를 관유지대장에 등록하고 강치잡이를 허가제로 전환한 후 나카이와 세 명의 동업자에게 1908년까지 강치어업 허가권을 주었다. 이후 강치어업면허는 1945년까지 나카이의 동업자나 아들 등에게도 주어졌다. 그 와중인 1924년경 나카이의 아들인 나카이 요이치中井養一가 어업권을 야하타 조시로八幡長四重 등에게 양도하였고, 야하타 조시로가 이후 또 다시 양도하기도 하였다.

일본은 이러한 강치잡이 허가와 포획 등을 독도에 대한 실효적 지배의 실적으로 제시하기도 한다.

그러나 식민지 지배를 한 국가가 피식민지 국가를 상대로 식민지 지배 시기의 실효적 지배를 영유권의 근거로 주장하는 것은 궁색하다 못해 파렴치하다. 이것은 마치 강도가 남의 집을 강제로 뺏고 수십 년 동안 살다가 원래 주인이 집을 반환해 달라고 하자 그동안 그 집에 오래 살았기 때문에 취득시효를 근거로 내 집이 되었다고 주장하는 것과 마찬가지이다. 이 때문인지 그동안 백여 년이 넘는 영토에 관한 국제 판례의 역사에도 아직 이런 식의 주장이 제기된 경우는 보지 못했다.

아울러 이 시기의 실효적 지배는 불법 편입의 연장선상에서 이루어진 것이므로 적법할 수 없다.

또한 필자는 독도 영유권에 대한 논리적 구도를 2단계로 잡고 있다. 첫째는 늦어도 19세기까지 한국이 독도에 대한 시원적 '권원'을 취득하였다는 것이고, 둘째는 그 이후 이 권원을 일본에게 내어준 적이 없다는 것이다. 이런 틀에서 볼 때 식민지 시대에는 한국이 존재하지 않았기 때문에 일본의 지배에 대하여 항의할 수 없었지만, 식민지 지배가 끝난 직후에는 뒤에

> 6항. 일본정부는 1905년 다케시마를 시마네현에 편입하여, 다케시마 영유 의사를 재확인했습니다.
>
> **4. 또 시마네현 지사는 다케시마가 '시마네현 소속 오키도사의 소관'으로 정해짐에 따라 다케시마를 관유지대장(官有地台帳)에 등록하는 동시에, 강치 포획을 허가제로 하였습니다. 강치 포획은 그 후 2차대전으로 1941(쇼와 16)년에 중지될 때까지 계속되었습니다.**

《다케시마 10포인트》 6-4항

서 설명하듯이 독도가 한국령임을 분명히 하고 실효적 지배를 다시 개시하였다. 때문에 일본의 독도를 포함한 한반도의 식민지 지배에도 불구하고 한국은 독도에 관한 권원을 내어주지 않았다고 볼 수 있다.

광복 전후의 독도

1945년 일본의 패전으로 한국은 독립을 맞이하였다. 그러나 세계적인 냉전체제의 구축과 함께 한반도의 분단은 급속하게 고착화되기 시작하였다. 그리고 이러한 혼란스러운 상황에서도 일본은 충격사건을 일으키는 등, 독도에 대한 야욕을 숨기지 않았다. 이제 막 일본으로부터 독립한 한국인들은 이러한 사건 속에서 일본이 다시 한국을 침략하려는 것이 아닌지 불안해하고 분노할 수밖에 없었다.

01

일본의 패전과 연합국의 합의

일본의 패전

일제강점기 말인 1939년, 독일이 폴란드를 침공하자 프랑스가 독일에 선전포고를 하면서 제2차 세계대전이 발발하였다. 한편 중일전쟁이 장기화되는 와중인 1940년 9월 독일, 이탈리아와 3국동맹을 체결한 일본은 1941년 12월 하와이의 진주만을 기습공격함으로써 태평양전쟁을 일으켰다. 일본은 개전 반년 만에 필리핀, 말레이 반도, 싱가포르, 미얀마 등을 점령하고 호주까지 위협하였다.

그러나 반격에 나선 미국은 1942년 6월 미드웨이 해전에서 승리하고 1944년 사이판Saipan 섬과 필리핀을 탈환하였다. 1945년에는 오키나와沖縄에 상륙하여 일본 본토를 공습했고 같은 해 8월에는 히로시마広島와 나가사키長崎에 원자폭탄을 투하하였다. 소련도 같은 해 8월 9일 일본에게 선전포고를 하고 참전하였다.

일본의 동맹국인 이탈리아와 독일은 이미 항복한 상황이었다.

일본은 더 이상 버티지 못하고 결국 8월 14일 포츠담 선언을 수락하고 다음날 일왕이 이를 발표하였다. 이어서 9월 2일 미국 전함 미주리호에서 항복문서가 조인됨으로써 전쟁은 끝났다. 이 과정에서 한국도 일본으로부터 독립하게 되었다.

이 무렵에 독도의 법률적 지위에 상당한 영향을 미치는 문서가 작성되었는데, 이들 문서들에 대해서 살펴보기로 한다.

카이로 선언

제2차 세계대전 말기인 1943년 11월 27일, 연합국 대표들인 미국의 루스벨트 대통령, 영국의 처칠 수상, 중국의 장제스 총통이 이집트 카이로에서 매우 중요한 회담을 가진 후 일본이 무조건 항복을 할 때까지 계속 싸울 것을 천명하는 내용의 카이로 선언을 채택하였다.

카이로 선언은 한국에 대한 특별 조항을 두고 있다. 그 내용은 "위 3국은 한국민의 노예상태에 유의하고 적당한 경로를 밟아 한국이 해방되고 독립될 것을 결의한다"는 것이다.

> 카이로 선언원문 중: … The aforesaid three Powers, mindful of the enslavement of the people of Korea, are determined that in due course Korea shall become

free and independent··· .

사견으로는 이 중 '한국민의 노예상태'enslavement of the people of Korea라는 문구를 볼 때마다 당시 한국민들이 세계적으로 노예로 인식되었다는 것이 안타깝기 그지없다.

카이로 선언은 조약으로서 법적 구속력을 가진다. 그러나 조약은 당사국만을 구속하는 것이 원칙이므로 이 자체로는 일본을 법적으로 구속하지 않는다. 나중에 일본이 무조건 항복을 하고 카이로 선언을 전제로 한 포츠담 선언을 받아들임으로써 일본에게도 카이로 선언의 법적 구속력이 발생한 것이다.

이들 강대국들은 카이로 선언에서 전쟁이 끝난 후 일본이 침략한 세계 각국의 영토들을 어떻게 원상복구할 것인가에 대해서도 세 가지 원칙을 합의하였다. 첫째는 제1차 세계대전 이후 일본이 탈취한 태평양의 모든 섬들을 박탈한다는 것이고, 둘째는 만주滿洲·대만·팽호도膨湖島 등 일본이 중국으로부터 훔쳐서 취득한 지역을 중국에 반환한다는 것이며, 셋째는 일본이 폭력과 탐욕에 의해 탈취한 일체의 지역에서 일본을 축출한다는 것이었다.

앞서 언급했지만 한국은 독도를 포함한 한반도가 일본이 폭력과 탐욕으로 탈취한 지역이므로 셋째에 해당하는 지역이라고 보고 있다. 그러나 일본은 이를 인정하지 않는다. 한국은 자발적, 합법적으로 일본의 식민지가 되었다는 것이다. 하지만 대체 어느 민족이 자발적, 합법적으로 '노예상태'가 되겠는가?

포츠담 선언

1945년 7월 26일 독일의 포츠담Potsdam에서 미국의 트루먼 대통령, 영국의 처칠 수상, 중국의 장제스 총통이 정상회담을 가진 후 포츠담 선언을 발표하였다. 여기에서는 일본에 대한 무조건 항복 요구와 전후 일본 처리의 원칙이 논의되었다.

포츠담 선언의 내용에는 일본이 항복하지 않으면 즉각적이고 완전한 파멸에 직면할 것이라는 경고를 비롯해서 군국주의 배제, 일본 군대의 무장해제 등이 포함되었다.

1945년 7월 독일 포츠담에 모인 미국의 트루먼 대통령,
영국의 처칠 수상, 소련의 스탈린 서기장

포츠담 선언에도 불구하고 일본이 항복을 거부하자 미국은 1945년 8월 6일 히로시마에, 8월 9일 나가사키에 원자폭탄을 투하하였다. 8월 8일에는 소련이 일본에 대하여 선전포고를 하고 뒤늦게 포츠담 선언에 참여하였다.

원자폭탄 공격을 받은 일본은 8월 10일 포츠담 선언을 수락한다는 의사를 밝혔으나 지도부의 내분으로 항복 결정을 번복하였다가 8월 14일 다시 포츠담 선언을 수락하고 무조건 항복하였다. 이에 히로히토 일왕은 8월 15일에 무조건 항복한다는 방송을 하고, 9월 2일 미국 전함 미주리호에서 항복문서에 서명하였다.

이로써 포츠담 선언도 일본에게 법적 구속력을 발휘하게 되었다. 포츠담 선언이 카이로 선언의 이행을 규정함에 따라서 카이로 선언의 내용도 일본에 대하여 법적 구속력을 가지게 되었음은 앞서 설명하였다.

포츠담 선언 제8항은 일본의 영토에 대해 다음과 같이 규정하고 있다.

> 카이로 선언의 조항들은 이행되어야 하며 일본국의 주권은 혼슈本州, 홋카이도北海道, 규슈九州, 시코쿠四國 및 우리들이 결정하는 작은 섬들에 국한될 것이다.

여기서 이 '작은 섬들'minor islands의 범위가 결국 일본의 전후 영토의 범위를 결정짓는 핵심적 개념이 된다. 이후 일본은 바로 이 연합국들이 결정하는 '작은 섬들'의 범위에 독도를 비롯하여 최대한 많은 섬들을 포함시키고자 각별한 노력을 기울인다.

그렇다면 연합국들은 이 '작은 섬들'의 범위를 어떻게 결정하였는가? 이와 관련한 문서들이 이어서 살펴볼 연합국 최고사령관 지령스카핀과 〈대일평화조약〉이다.

02

연합국의 일본 점령과 스카핀

연합국의 일본 점령

일본이 항복한 이후 연합국은 1945년 8월 14일 더글러스 맥아더Douglas MacArthur 원수를 연합국 최고사령관SCAP, the Supreme Commander for the Allied Powers으로 임명하고 같은 해 10월 2일 최고사령관을 보좌하기 위한 총사령부GHQ, General Headquarters를 도쿄東京에 설치하였다. 그리고 12월에는 모스크바에서 미·영·소 3상회의, 즉 3국 외무장관 회의가 개최되어 일본의 점령통치에 관한 최고기관으로 11개국으로 구성된 극동위원회Far Eastern Commission를 설치하기로 결정하였다.

연합국 최고사령관과 총사령부는 전쟁 상태를 모두 매듭짓는 대일평화조약이 발효된 1952년 4월 28일까지 존속하였다. 맥아더가 퇴임한 이후 1951년 4월에는 매슈 B. 리지웨이Matthew B. Ridgway 대장이 최고사령관에 취임해서 대일평화조약 발효 시까지 임무를 마쳤다.

최고사령관의 임무는 포츠담 선언과 일본의 항복 문서들을 집행하는 것이었다. 이를 위해 천황 및 일본 정부의 국가통치 권한은 연합국 최고사령관에게 종속되었고 일본 정부는 연합국 최고사령관이 명령하는 모든 조치를 취해야 하였다.

일본 정부에 대한 최고사령관의 명령은 기본적으로 지령을 통해서 이루어졌는데 이를 일명 스카핀SCAPIN: Supreme Commander for Allied Powers Instruction이라고 한다. 스카핀은 총 2204호까지 내려졌는데, 독도와 관련해서는 특히 제677호와 제1033호가 주로 논의되고 있다.

스카핀 제677호

1946년 1월 29일자 스카핀 제677호는 "일본으로부터 일정 주변 지역의 통치 및 행정상의 분리"라는 제목의 지령이다. 이 지령 제3항에는 "이 지령의 목적상 일본이라 함은 네 개의 주요 도서와 쓰시마對馬島 및 류큐琉球섬을 포함한 북위 30도 이북의 약 1,000개의 인접도서들을 포함하는 것으로 정의된다"고 하면서 여기에서 몇 개의 섬을 제외하고 있는데, 독도를 제주도 및 울릉도와 함께 일본의 범위에서 제외시키고 있다. 다시 말해서 일본이 독도를 비롯한 한반도에 행사하고 있던 통치권과 행정권을 차단시켜버린 것이다. 독도가 한국령이었기 때문에 이것

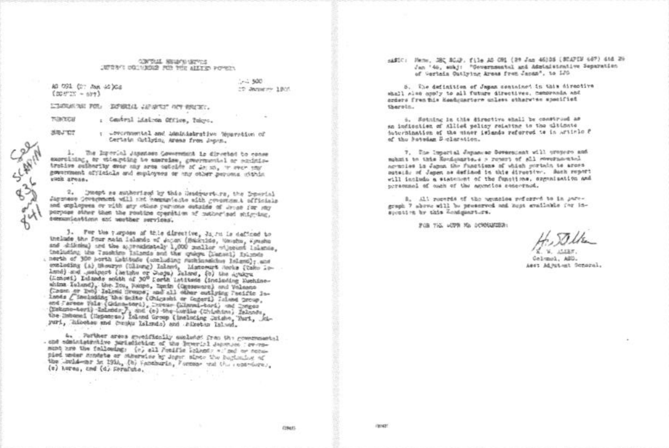

GENERAL HEADQUARTERS
SUPREME COMMANDER FOR THE ALLIED POWERS

AG 091 (29 Jan 46)GS
(SCAPIN - 677)

APO 500
29 January 1946

MEMORANDUM FOR: IMPERIAL JAPANESE GOVERNMENT.

THROUGH : Central Liaison Office, Tokyo.

SUBJECT : Governmental and Administrative Separation of Certain Outlying Areas from Japan.

See SCAPIN 836 and 841

1. The Imperial Japanese Government is directed to cease exercising, or attempting to exercise, governmental or administrative authority over any area outside of Japan, or over any government officials and employees or any other persons within such areas.

2. Except as authorized by this Headquarters, the Imperial Japanese Government will not communicate with government officials and employees or with any other persons outside of Japan for any purpose other than the routine operation of authorized shipping, communications and weather services.

3. For the purpose of this directive, Japan is defined to include the four main islands of Japan (Hokkaido, Honshu, Kyushu and Shikoku) and the approximately 1,000 smaller adjacent islands, including the Tsushima Islands and the Ryukyu (Nansei) Islands north of 30° North Latitude (excluding Kuchinoshima Island); and excluding (a) Utsuryo (Ullung) Island, Liancourt Rocks (Take Island) and Quelpart (Saishu or Cheju) Island, (b) the Ryukyu (Nansei) Islands south of 30° North Latitude (including Kuchinoshima Island), the Izu, Nanpo, Bonin (Ogasawara) and Volcano (Kazan or Iwo) Island Groups, and all other outlying Pacific Islands [including the Daito (Ohigashi or Oagari) Island Group, and Parece Vela (Okino-tori), Marcus (Minami-tori) and Ganges (Nakano-tori) Islands], and (c) the Kurile (Chishima) Islands, the Habomai (Hapomaze) Island Group (including Suisho, Yuri, Akiyuri, Shibotsu and Taraku Islands) and Shikotan Island.

4. Further areas specifically excluded from the governmental and administrative jurisdiction of the Imperial Japanese Government are the following: (a) all Pacific Islands seized or occupied under mandate or otherwise by Japan since the beginning of the World War in 1914, (b) Manchuria, Formosa and the Pescadores, (c) Korea, and (d) Karafuto.

(3945)

BASIC: Memo, GHQ SCAP, file AG 091 (29 Jan 46)GS (SCAPIN 677) dtd 29 Jan '46, subj: "Governmental and Administrative Separation of Certain Outlying Areas from Japan", to IJG

5. The definition of Japan contained in this directive shall also apply to all future directives, memoranda and orders from this Headquarters unless otherwise specified therein.

6. Nothing in this directive shall be construed as an indication of Allied policy relating to the ultimate determination of the minor islands referred to in Article 8 of the Potsdam Declaration.

7. The Imperial Japanese Government will prepare and submit to this Headquarters a report of all governmental agencies in Japan the functions of which pertain to areas outside of Japan as defined in this directive. Such report will include a statement of the functions, organization and personnel of each of the agencies concerned.

8. All records of the agencies referred to in paragraph 7 above will be preserved and kept available for inspection by this Headquarters.

FOR THE SUPREME COMMANDER:

H. W. ALLEN,
Colonel, AGD,
Asst Adjutant General.

스카핀(연합국 최고사령관 지령) 제677호와 그 부속 지도

은 당연한 귀결이었다. 특히 제5조는 다른 특별한 지령이 없는 한, 연합국 최고사령부가 발하는 모든 지령, 각서, 명령에 적용된다고 규정하였다.

따라서 한국 정부는 이를 독도가 당시 한국령이었다는 근거들 중 하나로 삼고 있다. 그러나 이러한 한국 측의 주장을 일본 정부는 스카핀 제677호 제6항을 근거로 반박한다. 스카핀 제677호 제6항이 "이 지령의 어떠한 부분도 포츠담 선언 제8항에서 언급된 '작은 섬들'의 최종적인 결정에 관한 연합국 측의 결정을 의미하는 것으로 해석되어서는 안 된다"라고 규정하고 있다는 점을 근거로 이는 연합국의 최종적인 결정이 아니라는 것이다. 연합국의 최종적인 결정은 이후 대일평화조약에서 이루어졌는데 대일평화조약은 독도를 일본령으로 정하였다고 주장한다. 이에 대하여 한국에서는 스카핀 제677호 이후 다른 '최종적인 결정'이 없었기 때문에 이 스카핀 제677호가 최종적인 결정이었다고 주장하는 견해도 있다.

사견으로는 스카핀 제677호가 비록 '최종적 결정'은 아니었다고 하더라도 적어도 당시 연합국들이 독도를 한국령으로 취급하였다는 정황증거로서는 상당한 의의가 있다고 본다. 카타르와 바레인 사이의 국제사법재판소 판결에서는 당사국이 아닌 관련 제3국의 판단에 상당한 비중을 두어 영유권을 판단한 바 있었다.

이와 같이 연합국이 당시 독도를 한국령으로 보았다는 것 외에도, 사견으로는 일본의 독도에 대한 실효적 지배를 공식적으로 차단시켰다는 점에 스카핀 제677호의 보다 큰 법률적 의미가 있다고 본다. 실효적 지배의 핵심은 국가 권력의 행사인데, 스카핀 제677호가 독도에 대한 일본의 통치권과 행정권을 차단하였으므로 식민지 시대에 행사하던 일본의 독도에 대한 실효적 지배도 차단된 것이다. 이러한 와중에, 뒤에서 설명하듯 한국 정부는 평화선 선언 등으로 독도에 대한 실효적 지배를 행사한 반면, 일본은 이후에도 유효한 실효적 지배를 하지 못하였다.

오히려 일본은 1951년 2월 13일 공포한 대장성령 4호 '구령舊令에 의해 공제조합 등에서 연금을 받는 자를 위한 특별조치법 제4조 제3항 규정에 기초한 부속도서를 정하는 명령'과 1951년 6월 6일에 공포한 '조선총독부 교통국 공제조합이 소유한 일본재산 정리에 관한 정령 시행에 관한 총리부령 24호'에서도 일본의 '부속도서'에서 제외되는 섬들로서 제주도, 울릉도와 함께 독도를 명기하였다. 이것은 법률적으로 독도가 한국령임을 일본 정부가 추가로 묵인acquiescence 또는 승인recognition한 것으로 평가할 수 있다.

스카핀 제1033호

일본에서는 제국주의적 침탈과 1900년대 초 동력선 개발로 일찍부터 원양어업이 발달하였다. 게다가 당시는 영해가 3해리에 불과하였고 오늘날과 같은 배타적 경제수역이라는 개념이 없었기 때문에 연안에서 3해리 밖이기만 하면 누구나 어업을 할 수 있었다. 이에 일본인들은 세계 곳곳의 바다에서 무분별하게 어업을 하였다. 그들은 한일병합 이전부터도 한국의 동해는 물론 남해, 서해에서도 남획을 하여 한국 어민들의 생계와 한국의 안보를 위협하였다.

제2차 세계대전이 끝나기 전부터 일본의 세계적인 남획에 대하여 문제의식을 느끼고 있었던 연합국 최고사령관은 일본이 항복한 지 5일 후인 1945년 8월 20일 일본 어선의 전면적인

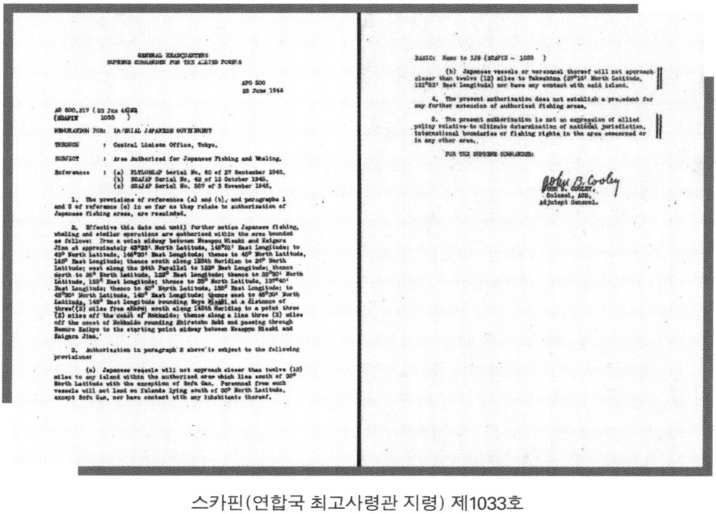

GENERAL HEADQUARTERS
SUPREME COMMANDER FOR THE ALLIED POWERS

APO 500
22 June 1946

AG 800.217 (22 Jun 46)NR
(SCAPIN 1033)

MEMORANDUM FOR: IMPERIAL JAPANESE GOVERNMENT

THROUGH : Central Liaison Office, Tokyo.

SUBJECT : Area Authorized for Japanese Fishing and Whaling.

References : (a) FLTLOSCAP Serial No. 80 of 27 September 1945.
(b) SCAJAP Serial No. 42 of 13 October 1945.
(c) SCAJAP Serial No. 587 of 3 November 1945.

1. The provisions of references (a) and (b), and paragraphs 1 and 3 of reference (c) in so far as they relate to authorization of Japanese fishing areas, are rescinded.

2. Effective this date and until further notice Japanese fishing, whaling and similar operations are authorized within the area bounded as follows: From a point midway between Nosappu Misaki and Kaigara Jima at approximately 43°23' North Latitude, 145°51' East Longitude; to 43° North Latitude, 146°30' East Longitude; thence to 45° North Latitude, 165° East Longitude; thence south along 165th Meridian to 24° North Latitude; west along the 24th Parallel to 123° East Longitude; thence north to 26° North Latitude, 123° East Longitude; thence to 32°30' North Latitude, 125° East Longitude; thence to 33° North Latitude, 127°40' East Longitude; thence to 40° North Latitude, 135° East Longitude; to 45°30' North Latitude, 140° East Longitude; thence east to 45°30' North Latitude, 145° East Longitude rounding Soya Misaki at a distance of three (3) miles from shore; south along 145th Meridian to a point three (3) miles off the coast of Hokkaido; thence along a line three (3) miles off the coast of Hokkaido rounding Shiretoko Saki and passing through Nemuro Kaikyo to the starting point midway between Nosappu Misaki and Kaigara Jima.

3. Authorization in paragraph 2 above is subject to the following provisions:

(a) Japanese vessels will not approach closer than twelve (12) miles to any island within the authorized area which lies south of 30° North Latitude with the exception of Sofu Gan. Personnel from such vessels will not land on islands lying south of 30° North Latitude, except Sofu Gan, nor have contact with any inhabitants thereof.

BASIC: Memo to IJG (SCAPIN - 1033)

(b) Japanese vessels or personnel thereof will not approach closer than twelve (12) miles to Takeshima (37°15' North Latitude, 131°53' East Longitude) nor have any contact with said island.

4. The present authorization does not establish a precedent for any further extension of authorized fishing areas.

5. The present authorization is not an expression of allied policy relative to ultimate determination of national jurisdiction, international boundaries or fishing rights in the area concerned or in any other area.

FOR THE SUPREME COMMANDER:

John B. Cooley
JOHN B. COOLEY,
Colonel, AGD,
Adjutant General.

스카핀(연합국 최고사령관 지령) 제1033호

행동금지를 명하였다. 이후 일본의 항의에 따라 조금씩 그 허용 범위를 넓혀주었는데 이 과정에서 1946년 6월 22일 스카핀 제1033호가 탄생하였다. 그리고 이 지령에 따라 만들어진 선을 일명 맥아더 라인이라고 한다. 맥아더 라인은 이후에도 1949년 9월 19일과 1950년 5월 11일, 각각 2차, 3차로 확장되었다. 스카핀 제1033호 중에서 독도 영유권과 관련이 있는 부분은 아래 제3항 (b)이다.

> 일본의 선박 및 그 승무원은 차후 북위 37도 15분, 동경 131도 53분에 위치한 리앙쿠르암독도에 대하여 12해리 이내로 진입하지 못하며, 또한 이 섬에 어떠한 접촉도 하지 못한다.

이 지령은 일본인들이 독도에 접촉하지 못하는 것은 물론이고, 12해리 이내에는 접근조차 하지 못하게 하였다. 이에 대해 이 지령 제5항이 "본 허가는 해당 수역 또는 그 밖의 어떠한 수역에 있어서의 국가 관할권, 국제적 경계 또는 어업권의 최종적 결정에 관한 연합국 정책의 표현이 아니다"라고 규정하였고, 이 지령은 영토나 주권이 아니라 어업권에 관해서만 규정한 것이라는 이유로, 이 지령이 연합국이 독도가 한국령이라고 확정한 근거라고 보기는 어렵다는 견해도 있다. 그러나 이 역시 스카핀 제677호와 마찬가지로 당시 독도가 한국령이었다는 정황

증거로는 기능할 수 있다고 생각한다.

맥아더 라인에 따라 시마네현은 1946년 7월 26일 현령 제49호를 통해 〈시마네현 어업취체규칙〉島根縣 漁業取締規則에서 독도 및 강치어업에 관한 항목을 삭제하였다. 이 역시 법률적으로 시마네현이 맥아더 라인이 독도를 한국 영역으로 본 것을 묵인 또는 승인한 것으로 평가할 수 있다.

03

한국의 독립과 독도

분단의 시작

한국은 1945년 일본의 패전으로 독립을 맞이하게 되었으나, 독립 직후부터 분단의 소용돌이에 빠져들었다.

1945년 8월 8일 일본에 선전포고를 하면서 뒤늦게 참전한 소련군은 일본 관동군을 격파하면서 파죽지세로 남하하기 시작하여 8월 22일에는 평양에 주둔하였다. 미군은 1945년 9월 8일 인천에 상륙하여 이튿날 서울에 주둔하였다. 당초 미국과 소련이 한반도에 주둔한 것은 일본군의 무장해제와 전후처리를 위해서였다. 그러나 한반도의 공산화 통일을 원하는 소련과 이에 반대하는 미국의 입장 차이가 불거지고 결국 한국 문제를 다루기 위해 설치되었던 미·소공동위원회가 결렬되면서 한반도의 분단은 급속하게 고착화되기 시작하였다.

UN은 1947년 제2차 총회에서 통일된 한국 정부 수립을 위한 총선거를 1948년 5월 31일 이전에 한반도 전역에서 실시하기로 결의하고 선거를 감시하기 위한 UN 한국임시위원단을 구성하였다. 그러나 소련 군정당국이 UN 한국임시위원단이 북한지역에 출입하는 것을 막는 바람에 전국적인 총선거는 좌절되었다.

그러자 1948년 2월 UN 소총회는 UN의 감시가 가능한 지역에서만 선거를 할 것을 결의하였다. 이에 따라 1948년 5월 10일 남한에서만 자유총선거가 실시되어 제헌국회가 구성되었고 같은 해 8월 15일에는 대한민국 정부의 수립이 공포되었다.

한편 김일성 등 공산주의자들은 1948년 9월 9일 독자적 선거를 통해 북한지역에 '조선민주주의인민공화국'의 수립을 선포하고 소련을 비롯한 공산제국의 승인을 얻어냈다. 그러나 1948년 12월 12일 제3차 UN 총회는 대한민국 정부만이 한반도에 존재하는 유일한 합법정부임을 결의하였다.

독도총격사건

한국은 해방 직후부터 분단 등 나라의 존폐를 좌우할 수 있는 거대한 소용돌이에 휘말려 들어갔기 때문에 독도에 대해서 큰 관심을 기울이지는 못하고 있었다. 이는 한국에서는 독도가 당연히 한국령이라고 여겨지고 있었기 때문이기도 하였다.

그러다 한국에서 독도가 크게 관심을 받게 된 것은 1947년 독도총격사건 때였다. 독도에서 어로작업에 종사하던 한국 어부들이 독도에 불법 상륙한 일본인의 총격을 받은 것이다. 이 소식을 들은 당시 한국인들이 얼마나 격앙되었는지는 당시 이 사건을 처음 보도했던 《대구시보》의 다음 일부 기사에 잘 드러나 있다.

> 해방 후 만 2년이 가까운 오늘에 이르기까지 조국의 강토는 남북으로 분할되고 이 땅의 동족들은 좌우로 분열되어 주권 없는 백성들의 애달픈 비애가 가슴 기피 사무치는 이즈음, 영원히 잊지 못할 침략귀 강도 일본이 이 나라의 정세가 혼란한 틈을 타서 다시금 조국의 섬을 삼키려고 독니를 갈고 있다는 악랄한 소식 하나가 전해져 3천만 동포의 격분에 불을 지르고 있다.
>
> 《대구시보》 1947. 6. 20.

2년 전, 겨우 해방이 된 나라가 이제는 둘로 나뉘어 시련을 겪고 있는 와중에 불과 2년 전까지 한국을 짓밟고 있던 일본이 독도를 삼키려고 하니 한국인들로서는 격분하지 않을 수 없었다.

당시 일본인이 독도에 들어오는 것은 불법이었다. 독도가 한국령이기 때문일 뿐만 아니라 스카핀 제1033호맥아더 라인가 일본 선박이나 선원이 독도로부터 12해리 이내에 접근하는 것을 금지시켜 놓았기 때문이었다. 독도총격사건은 중앙 일간지에도 보도되면서 독도에 대한 관심은 전국적으로 번져나갔다.

이 무렵 한국인들의 독도에 대한 관심이 커진 배경에는 맥아더 라인 완화에 따른 일본 어민들의 위협도 있었다. 당시 맥아더사령부는 차츰 맥아더 라인을 확장해주고 있었다. 맥아더 라인을 확장한다는 것은 일본 어민들의 활동범위를 넓힌다는 것이고 이는 곧 한국인들에게 어업적인 측면에서뿐만 아니라 안보적으로도 위협이 커진다는 것을 의미했다.

한국인들은 일본이 타국을 침략할 때 선봉으로 사용하는 방법이 일본 어민들을 진출시키는 것이라고 인식하고 있었다. 한국이 일본에게 강점당하기 직전에도 일본 어민들이 한반도 연안을 장악했기 때문이었다. 따라서 맥아더 라인이 확장되고 일본 어민들이 한국 근해에서 왕성하게 어업을 재개하는 것을 보면서 이제 막 일본으로부터 독립한 한국인들은 일본이 다시 한국을 침략하려는 것이 아닌지 우려할 수밖에 없었다. 그 와중에 일본인들이 한국령인 독도에까지 들어와서 총격을 하니 불안과 분노는 이루 말할 수 없었다. 이때부터 독도 영유권과 맥아더 라인 및 일본의 재침략에 대한 우려는 서로 밀접한 관련을 가지게 되었다.

독도조사대

같은 해 독도총격사건 직후 남조선과도정부 민정장관 안재홍의 명령에 따라 과도정부 조사단과 조선산악회가 독도학술조사대를 편성해서 독도를 조사하였다.

이 과정에서 '심흥택 보고서 부본'이 발견되어 고려대 사학과 신석호 교수가 논문을 발표하기도 하고, 서울대 국문학과 방종현 교수가 '독도'라는 명칭이 독섬, 돌섬, 석도와 이어진다는 추론을 하기도 하였다.

이 조사대에 참가했던 사람들의 활동은 오늘날 한국의 독도에 대한 인식과 이해를 형성하는 데 결정적인 영향을 미쳤다. 1905년 무렵 일본의 독도 편입과정에서는 나라 전체가 강점당하던 과정이라 제대로 저항하지 못했던 한국인들은 정부가 수립되기 이전부터 독도 영유권 수호를 위한 본격적인 준비에 나선 것이었다.

독도폭격사건

이듬해에는 이른바 독도폭격사건이 발생하였다. 1948년 6월 8일 일본 오키나와에 기지를 둔 미 공군기가 독도에 폭탄을 투하하고 총격을 가해 울릉도와 강원도의 어선 23척이 파괴되고 어부 14명16명이라는 설도 있음이 즉사하고 10명이 중상을 입었다.

주일 연합국 최고사령관이 1947년 9월 16일자로 발령한 스카핀 제1778호를 통하여 독도를 주일 미 공군의 폭격연습지로 지정했는데, 한국 어민들은 그 사실을 알지 못하고 독도에서 조업을 하다가 화를 입은 것이다.

이 사건에 대한 진상 규명과 배상을 요구하는 목소리가 커지던 가운데 미국 극동항공대 사령부는 1948년 6월 17일 공식 성명서를 내고 '오키나와 주둔 미 전투기의 폭격연습으로 인한 우발적 사건'이라는 조사결과를 발표하였다. 이어서 미군 당국은 6월 20일 독도에 대한 폭격연습을 일체 중지하겠다고 발표하였다.

이 폭격사건은 독도에 대한 한국인들의 관심을 극도로 고조시켜 전국 각지에서는 독도폭격사건의 피해자를 돕기 위한 위문품이 줄을 이었다. 사건이 일어난 지 2년 뒤인 1950년 6월 28일에는 독도에서 위령비 제막식이 있었다. 이 위령비는 얼마 후 소실되었으나 경상북도가 2005년 8월 위령비를 독도의 동도 몽돌해안 위쪽에 복원, 건립하였다.

우국노인회의 청원

1948년 8월 5일에는 우국노인회가 맥아더에게 울릉도, 독도, 파랑도, 대마도對馬島, 일본명 쓰시마의 한국 반환을 요청하는 청원서를 보내기도 하였다. 우국노인회는 신탁통치를 반대할 목적으로 60세 이상 노인들로 구성된 조직이었다. 이 청원서는 최남선에 의해서 작성되었다.

이 청원서는 주일 미 정치고문실에 접수되었다. 이 당시 주일 미 정치고문은 지일파知日派인 윌리엄 시볼드라는 인물이었다. 그는 뒤에서도 소개하겠지만 훗날 미국이 한때나마 독도를 일본령으로 보게 만드는 데 결정적인 영향을 미쳤다. 이들은 이미 일본이 만든 울릉도와 독도가 일본령이라는 내용의 팸플릿을 참고하고 있었다. 이들은 우국노인회의 정체가 불명확하다는 등의 이유로 청원서에 회신조차도 하지 않았다.

최남선(崔南善, 1890~1957)

시인이자 역사학자이고 근대 조선의 3대 천재로 불린 사람이다. 4·4조나 7·5조 등의 창가 형식을 깨뜨리고 최초의 현대시라고 할 수 있는 〈해에게서 소년에게〉라는 시를 본인이 창간한 《소년》이라는 문예잡지에 썼다. 3·1독립운동 당시 민족대표 48인 중 한 사람으로 체포되었으나 이후 친일행적으로 광복 후 친일반민족행위자로 기소되어 1949년 수감되기도 하였다. 진흥왕순수비를 최초로 발견하였다.

윌리엄 시볼드(William Joseph Sebald, 1901~1980)

미국 해군 장교로 복무하다가 주일미대사관 무관부에 배속되어 일본어 과정을 이수하였다. 일본에 근무하던 중 일본계 영국인 베커와 결혼했고 고베에서 장인의 법률회사를 물려받아 운영하기도 하였다. 1946년 정식 외교관이 된 이후 맥아더의 후원으로 미 국무부 주일 정치고문, 연합국 최고사령관 총사령부 외교국장, 연합국 대일이사회 미국대표·의장이 되었다. 이후 미얀마 대사(1954), 국무부 극동담당차관보(1954), 호주 대사(1957) 등을 역임하였다.

대일평화조약과 독도

1951년 9월 샌프란시스코 평화회의에서 48개국과 일본은 대일평화조약을 체결하였다. 이 평화조약에는 전쟁 전후 과정에서 변경되었던 영토를 정리해서 확정하는 내용이 담겨 있는데, 일본은 여기서 독도를 일본령으로 확정하였다고 주장한다. 이러한 일본의 주장은 옳은 것인가? 이 장에서는 대일평화조약이 체결된 과정을 일본, 미국, 영국, 한국의 입장에서 입체적으로 살펴본 후 국제법적인 관점에서 일본 측 주장의 타당성 여부를 따져보고자 한다.

01

대일평화조약과 일본의 독도 영유권 주장

사람들 사이에 분쟁이 생기면 배상 책임 등을 정리하는 합의서와 같은 법률문서를 작성해서 분쟁을 매듭짓는다. 이와 마찬가지로 국가들 사이에 전쟁이 끝나고 나면 흔히 배상 책임 등을 정하기 위해 법률문서인 평화조약Peace Treaty을 체결한다.

일본과 연합국이 1951년에 체결한 대일평화조약은 샌프란시스코에서 체결되었기 때문에 샌프란시스코 평화조약이라고 부르기도 한다. 평화조약은 전쟁 전후의 과정에서 변경되었던 영토를 정리해서 확정하는 경우가 많은데, 이 점은 대일평화조약도 마찬가지이다. 한국의 영토에 관해서는 다음의 제2조 (a)가 규정하고 있다.

제2조 (a) 일본은 한국의 독립을 승인하고, 제주도, 거문도 및

울릉도를 포함한 한국에 대한 모든 권리, 권원 및 청구권을 포기한다.

그런데 위 조항에는 보다시피 '독도'에 대해서는 언급이 없다. 만약 여기에 독도가 한국령으로 제대로 명시되었다면 오늘날 한일 양국은 독도 문제로 인한 갈등을 겪을 필요가 없었을지도 모른다.

그러나 당시 일본은 뒤에서 구체적으로 설명하는 바와 같이 위 조항에서 독도가 한국령으로 명시되지 않도록 필사적인 노력을 기울였다. 그런 다음 위 조항에 독도에 대한 언급이 없는 것을 기화로 대일평화조약이 독도를 일본령으로 확정하였다고 주장한다. 주요 근거로 미국이 당시 독도를 일본령으로 보았다는 점을 거시하고 있다.

이 주장은 일본이 독도가 일본령이라고 제시하는 근거들 중

7항. 샌프란시스코 평화조약 기초과정에서 한국은 일본이 포기해야 할 영토에 다케시마를 포함시키도록 요구했습니다만, 미국은 다케시마가 일본의 관할하에 있다고 해서 이 요구를 거부했습니다.

1. 1951(쇼와 26)년 9월에 서명된 샌프란시스코 평화조약은 일본의 조선 독립 승인을 규정하는 동시에, 일본이 포기해야 할 지역으로서 '제주도, 거문도 및 울릉도를 포함한 조선'으로 규정했습니다.

《다케시마 10포인트》 7항

에서 가장 비중을 두고 있는 것이다. 1905년의 독도 편입은 일본의 제국주의적 침략의 일환이자 한반도 침탈의 과정에서 일방적으로 실시한 것이므로 그 근거와 정당성을 크게 내세우기 어려운 반면, 대일평화조약은 일본 외에 48개국이 서명한 조약이므로 이 과정에서 독도가 일본령이라고 인정받았다면 보다 보편적인 정당성의 근거를 취득할 수 있기 때문이다.

그런데 과연 대일평화조약이 독도를 일본령으로 확정하였다는 일본의 주장은 옳은 것인가? 이하에서는 대일평화조약이 체결된 과정을 일본, 미국, 영국, 한국의 입장에서 입체적으로 살펴본 후 국제법적인 관점에서 일본 측 주장의 타당성 여부를 따져보고자 한다.

02

대일평화조약의 체결과정

대일평화조약 조기체결 시도

1946년 무렵 미국에서는 일본과 평화조약을 조기에 체결해야 하는지, 아니면 수십 년 후에 체결해야 하는지를 두고 논쟁이 벌어졌다. 평화조약을 체결한다는 것은 곧 연합군이 일본을 통치하는 것을 끝낸다는 의미였다. 전쟁부는 일본의 완전한 무장해제를 위해서는 일본을 적어도 25년 이상 장기간 점령해야 한다는 입장이었던 반면, 국무부는 조기에 평화조약을 체결해서 점령을 종식시켜야 한다는 입장이었다.

그러나 맥아더는 점령이 장기화하면 군이 이완되고 부패하며, 역사적으로도 장기 점령이 성공한 예가 없다는 이유로 조기에 평화조약을 체결해야 한다는 입장이었다. 이에 1946년 8월 26일 국무부와 전쟁부가 합동회의를 개최했고 이에 따라 미국 내에서 대일조약작업단이 결성되었다.

대일조약작업단은 1947년 1월 내부적으로 대일평화조약의 영토조항 초안을 최초로 작성하였다. 여기에는 일본이 "제주도, 거문도, 울릉도, 리앙쿠르암독도을 포함한 한국 근해의 모든 작은 섬들과 한국에 대한 권리와 권원을 포기한다"라고 규정하여 독도를 한국령으로 보고 있었다.

이후 국무부 내부검토용이었던 1947년 3월 19일자, 7월 24일자, 8월 1일자, 8월 5일자, 10월 14일자, 11월 19일자, 1948년 1월 2일자, 1월 8일자 등의 초안에는 모두 독도가 한국령으로 표시되어 있었다.

미국 내에서 대일평화조약에 대한 검토가 어느 정도 이루어지자, 맥아더는 1947년 3월 17일 대외적으로도 극동위원회 등에서 일본과 평화조약을 조기에 체결하자고 제안하였다. 그러나 소련과 중국 등의 반발로 미국의 대일평화조약 추진은 동력을 잃고 표류하였다. 이에 따라 대일평화조약 초안 작성작업도 한동안 중단되었다.

일본의 대응과 팸플릿

대일평화조약이 조기에 체결될 조짐을 보이자 일본 외무성은 평화조약이 일본에게 유리하게 체결되도록 만들기 위해 전력을 기울였다. 일본은 패전 이후 교전권과 함께 외교권도 박탈당했기 때문에 외무성은 다른 업무에 쏟을 힘을 대일평화조약 준비에 집중할 수 있었다. 당시 일본 외무성의 직원 수는 1만여 명이었다고 한다. 건국 직후 한국 외교부 직원의 수는 당초 160여 명이었는데 그 수가 지나치게 많다고 하여 직후에 60명으로 감축되었고, 6·25전쟁으로 부산에 피란했을 당시의 외교부 직원 수는 30여 명이었다. 이와 비교하면 일본이 당시 이 문제에 얼마나 큰 역량을 쏟았는지 쉽게 알 수 있다.

일본은 특히 영토 문제와 관련해서 포츠담 선언상의 '연합국이 결정할 작은 섬들'에 가급적 많은 섬들이 포함될 수 있도록 진작부터 다각도의 노력을 기울였다. 그 일환으로 제작한 것이 네 가지 종류의 팸플릿이다. 이 팸플릿은 일본이 공개한 것이 아니라 미국립문서기록관리청NARA에서 발굴된 것이다. 일본은 1945년부터 1951년 시기의 독도관련 문서를 아직도 공개하지 않고 있다.

MINOR ISLANDS
ADJACENT TO
JAPAN PROPER

PART IV.

Minor Islands in the Pacific
Minor Islands in the Japan Sea

FOREIGN OFFICE
JAPANESE GOVERNMENT
JUNE 1947.

《일본의 부속소도》 제4부(1947. 6) 표지

이 팸플릿의 제목은 《일본의 부속소도》Minor Islands Adjacent to Japan Proper이다. 네 가지 종류의 팸플릿들 중 첫 번째에는 쿠릴 열도Kuril Islands 등이, 두 번째에는 류큐섬 등이, 세 번째에는 보닌섬오가사와라 제도 등이 설명되어 있다. 1947년 6월에 제작된 마지막 네 번째 팸플릿에는 동해일본해 지역 섬들로 울릉도와 독도가 소개되어 있다. 놀랍게도 일본은 세계대전에서 패한 이후까지도 여전히 독도 외에 울릉도까지 탐을 내고 있었던 것이다.

이 팸플릿에는 울릉도에 대해서 한국이 1400년대 이래로 공도정책을 고집했고 1697년 도쿠가와 막부德川 幕府가 일본인이 이 섬에 가는 것을 금지시킨 이후에도 한국 당국은 공도정책에 변화를 주지 않았다고 설명되어 있다.

여기서 공도정책이라는 것은 한국에서 쇄환정책이라고 부르는 것을 말한다. 조선은 태종 때부터 울릉도를 노리는 왜구와의 마찰을 피하고 납세나 부역의 의무를 피하고자 하는 사람들이 울릉도로 숨어들어가는 것을 막기 위해서 울릉도 거주민들을 본토로 이주시키는 쇄환정책을 실시하였다.

일본 측은 이를 두고 조선이 울릉도를 포기한 것처럼 주장하나 이는 타당하지 않다. 국가는 자신의 특정 영토에 사람들을 살게도 할 수 있고 살지 못하게도 할 수 있는데, 어느 쪽이든 국가권력을 행사하는 것이다. 조선은 쇄환을 위해서 정기적으로 울릉도에 관리를 파견하였기 때문에 더더욱 지속적으로 울릉도에 대해 실효적 지배를 해왔다고 볼 수 있다. 인정받기 어려운 주장임을 알았는지 일본은 현재《다케시마 문제를 이해하기 위한 10의 포인트》에서 더 이상 쇄환정책에 대해서는 언급하지 않고 있다.

일본의 팸플릿은 또한 독도를 '리앙쿠르암'이라고 지칭하면서 일본은 고대로부터 리앙쿠르암의 존재를 알고 있었고 이를 확인해주는 최초의 문헌은《은주시청합기》隱州視聽合紀, 1667라고 하였다. 또한 리앙쿠르암에 대해서는 한국명이 없고 한국에서 제작된 지도에도 나타나지 않으며, 일본은 1905년 2월 22일 시마네현 지사가 리앙쿠르암을 시마네현 소속 오키도사隱岐島司 소관으로 정한다는 현 포고를 공포하였다는 등의 설명도 있다.

《은주시청합기》는 시마네현 관원인 사이토 호센齊藤豊仙이 은주오키섬를 순시하면서 보고 들은 것을 기록하여 상부에 보고한 문서이다. 이 중에는 울릉도와 독도에 대한 설명에 이어 다음과 같은 문장이 이어진다. "이 두 섬은 사람이 살지 않는 땅이다. 고려를 보는 것이 운주雲州, 시마네현에서 은주오키섬를 보는 것과 같다. 그렇다면 일본의 북서쪽 땅은 이 주州를 경계로 한다."

이 마지막 부분에 나오는 일본의 북서쪽 경계라고 하는 '이 주'가 무엇인지에 대해서 한일 간에 논란이 있었다. 일본 측에서는 '이 주'가 울릉도와 독도를 의미하는 것이므로 일본의 북서쪽 경계는 울릉도와 독도라고 주장하였다. 반면 한국 측에서는 '이 주'가 은주를 가리키므로 울릉도와 독도는 일본령 밖이라고 주장하였다.

'이 주'에 대한 해석이 갈리는 것은 일본에서는 '주'州가 '행정단위'의 의미로 사용되기도 하고, '섬'을 가리키기도 하기 때문이다. 은주오키섬는 행정단위를 가리키므로, '이 주'에서의 '주'가 행정단위의 의미로 사용되었다면 오키섬을 가리키는 것이 되어 한국 측 주장이 옳고, 섬의 의미로 사용되었다면 울릉도와 독도를 가리키는 것이 되어 일본 측 주장이 옳게 될 것이다.

이에 대해 2006년경 일본의 이케우치 사토시池內敏라는 역사학자는《은주시청합기》전체에서 '주'라는 단어가 사용된 용례를 모두 조사하였다. 그 결과 이 책에서 '주'가 모두 66번 사용되었는데, 그중 65군데의 '주'가 일본의 행정단위인 주州의 의미로 사용되었으므로, 위의 '이 주'는 오키섬을 의미한다고 하여 울릉도와 독도가 한국령임을 명쾌하게 논증하였다. 이후에 나온 일본 외무성의《다케시마 문제를 이해하기 위한 10의 포인트》에서는《은주시청합기》에 대해서는 일절 언급하지 않고 있다.

이처럼 옳지 않은 내용들이 대부분인 팸플릿이었지만 당시 한국이 제대로 대응할 수 없었던 상황이었기 때문에, 이 팸플릿은 미국 등에 큰 영향을 미쳤다. 이 팸플릿들은 최고사령부SCAP

내에도 부처별로 배포되었을 뿐만 아니라 1947년 2월, 7월, 9월 모두 3차에 걸쳐 20부씩 주일 미 정치고문실을 통해 미 국무부로 송부되었다.

미국은 앞서 본 우국노인회의 청원을 묵살할 당시 이 팸플릿을 주요 근거로 참작했을 뿐만 아니라, 후에 이른바 러스크 서한을 전후하여 독도 영유권에 대한 미국의 입장을 정할 때에도 이 팸플릿을 상당 부분 참고하였다.

대일평화조약의 재추진

1947년 무렵부터는 냉전이 본격화되었다. 소련의 영향을 받는 공산주의 진영이 확산되자 미국은 1947년 공산주의 세력의 확대를 저지하고 반공정부를 지원하겠다는 트루먼독트린Truman Doctrine과, 서유럽 16개국의 시장경제 부흥을 지원하겠다는 마셜플랜Marshall Plan을 발표하였다. 이에 맞서 소련은 같은 해 유럽 9개국 공산당 대표와 코민포름Cominform을 창설하였다. 1948년에는 독일을 공동 점령하던 소련과 나머지 미국, 영국, 프랑스 사이에 갈등이 빚어져 소련이 베를린을 봉쇄하기도 하였다.

이런 와중에 공산세력은 동아시아에도 급속히 확산되어 중국, 북한에 공산주의 정권이 탄생하였다. 그러자 미국은 일본을 더 이상 적국이 아니라 동아시아에서 공산세력을 막아내는 중요한 동반자로 인식하기 시작하였다. 이와 함께 대일평화조약도 소련과 중국 등 공산국가들을 배제하고 미국과 가까운 국가들과 조기에 체결하기로 입장을 굳혔다.

1949년 9월 미국과 영국은 외무장관회담에서 1950년 1월 개최 예정인 영연방 외상회의에서 미국 측 조약 초안을 회람시키자고 제안하였다. 이에 따라 미국 국무부는 1949년 11월 2일자 초안을 만들었는데, 여기에 독도는 한국령으로 포함되어 있었다.

국무부는 이 초안을 도쿄의 맥아더와 윌리엄 시볼드 주일 미정치고문 등에게 송부하였는데, 이때 시볼드는 독도에 관하여 두 차례에 걸쳐 일본에게 유리한 보고서를 제출하였다. 이것은 독도를 한국령으로 보고 있던 그동안의 미국의 입장을 변경시킨 가장 큰 계기가 되었다.

2쪽 분량의 1949년 11월 14일자 전문에서 시볼드는 독도와 관련하여 "리앙쿠르암다케시마에 대한 재고를 요청함. 이들 섬에 대한 일본의 주장은 오래되었으며 유효한 것으로 보임. 상상컨대 안보적 고려에서 볼 때 그곳에 기상 및 레이더 기지를 상정해볼 수 있음"이라고 썼다. 11쪽 분량의 1949년 11월 19일자 급송문서에는 "리앙쿠르암다케시마을 일본에 속하는 것으로 특정할 것을 제안한다. 이들 섬에 대한 일본의 주장은 오래되고 유효한 것으로 보이며, 이들을 한국의 섬들로 간주하기는 어렵다. 또한 안보적으로 고려할 때, 이들 섬에 기상 및 레이더 기지를 설치하는 것은 미국에도 이익이 결부된 문제가 된다"고 썼다.

이 문서들을 보면 그가 독도 영유권을 판단하는 데 있어서 순수하게 역사적, 국제법적인 차원에서 본 것이 아니라 미국의 안보적 이익의 측면에서 보았음을 알 수 있다. 아울러 일본의 주장만을 고려하고 있을 뿐 한국의 입장에 대한 검토는 전혀 없었다는 점도 드러난다.

시볼드의 제안 이후 미 국무부의 1949년 12월 8일자 초안에는 독도가 일본령으로 표시되었다. 이후 독도가 한국령으로 표시된 1949년 12월 19일자 초안도 있기는 하지만 1949년 12월 29일자, 1950년 1월 3일자 각 초안, 1950년 7월에 작성된 "대일평화조약 초안에 대한 논평", 1950년 7월 18일자 및 8월 3일자 각 초안에 이르기까지 독도는 일본령으로 표시되었다.

덜레스의 출현과 대일평화조약의 성격 변경

1950년 4월 존 포스터 덜레스John Foster Dulles가 미 국무장관 특사로 임명되면서 미국의 대일평화조약 체결 추진은 급물살을 타게 되었다. 덜레스는 미국 등이 그동안 추진해오던 대일평화조약의 기본적인 성격을 두 가지 점에서 크게 바꾸어놓았다.

첫째, 배상 등 전쟁책임을 묻지 않고 일본을 최대한 배려하는 비징벌적인 평화조약을 추구하였다. 기존의 평화조약은 패전국이 전승국에게 전쟁 개전에 대한 일련의 책임을 부담하는 것이 핵심이었다. 때문에 이런 비징벌적인 평화조약에 대하여 당시 일본 수상인 요시다 시게루吉田茂조차 훗날 "믿을 수 없는 제안"이라고 표현할 정도였다.

둘째, 내용을 상세하게 규정하지 않고 최소한의 원칙만을 제시한 이른바 단축형 조약을 추구하였다. 내용을 상세하게 규정할 경우 관련국들 사이에 이견이 생길 가능성이 많아져 보다 신속하게, 보다 많은 국가들이 조약에 합의하기 어렵다고 본 것이다. 뒤에서 보다 상세하게 설명하겠지만 대일평화조약이 독도에 대해 언급하지 않은 것도 바로 이러한 차원에서였다.

덜레스의 새 원칙에 따라 1950년 8월 7일 새로운 초안이 작성되었다. 전쟁범죄, 재산·권리·이익 등 징벌적인 장들은 사라지고 평화, 주권, UN 등의 장이 신설되었다. 조문의 수도 44개 조문에서 21개 조문으로 축소되었다. 영토 조항에서도 일본의 부속도서를 일일이 언급하지 않고 지역 명칭은 개괄적으로만 적시하였다. 한국과 관련한 조항에서도 독도는 물론 제주도, 거문도, 울릉도 등 섬의 명칭을 일체 언급하지 않고 오로지 일본이 한국의 독립을 승인한다는 취지만이 남았다. 이러한 기조는 덜레스가 대일평화 7원칙과 함께 확정한 1950년 9월 11일자 초안에도 이어졌다.

이에 대해 호주 정부가 일본 영토의 처분에 대해 보다 정밀한 정보를 요구하자, 미국은 1950년 10월 26일경 "세토나이카이瀨戶內海의 섬들, 오키열도, 사도佐渡, 오쿠지리奧尻, 레분礼文, 리

이시리利尻, 쓰시마対馬, 다케시마, 고토군도五島群島, 류큐제도 최북단 및 이즈제도伊豆諸島, 이들은 모두 예로부터 일본의 것으로 인정되므로, 일본에 의해 보유될 것으로 생각한다"고 답변하였다. 이 답변에 '다케시마'가 포함된 것은 기존 초안들에 나온 문구들을 그대로 인용하였기 때문이지, 독도의 영유권을 별도로 심사하여 위와 같은 답변을 한 것으로는 보이지 않는다.

덜레스는 1951년 1월부터 일본과 함께 동맹국인 영국, 필리핀, 호주, 뉴질랜드를 직접 방문했고 워싱턴과 뉴욕에서 주요 연합국 대표들과 접촉하였다. 일본과는 평화조약을 통해 일본의 교전권을 부인하는 대신 일본을 위해 미·일 간 안전보장협정을 체결해주고 미군을 오키나와에 주둔시키기로 합의하였다. 미국이 적국 일본에 안보를 제공한다는 것에 대해 동맹국이었던 필리핀, 호주, 뉴질랜드 등이 불만을 제기하자 미국은 1951년 필리핀, 호주, 뉴질랜드와도 안보조약을 체결하였다.

미 국무부의 1951년 3월 12일 및 17일자 초안에도 한국 관련 조항에 어느 섬에 대해서도 언급이 없었다. 미 국무부는 1951년 3월 23일 "대일평화조약 임시초안"제안용을 확정하여 같은 해 3월 27일 주요 연합국 14개국과 일본에 전달했으며 이례적으로 한국에도 전달하였다. 이는 불특정 다수의 연합국들에게 송부한 최초의 공식 초안이었다.

영연방의 준비과정

한편, 미국과 별도로 영국·호주·뉴질랜드 등 영연방 국가들도 대일평화조약을 준비하고 있었다. 이들은 1947년 8월 캔버라회의영연방수상회담, 1950년 1월 콜롬보회의영연방외상회담, 1951년 1월 런던회의영연방수상회담 등 세 차례의 회의를 거쳐 대일평화조약 문제를 논의하였다.

1950년 5월 이후에는 영연방 대일평화조약 실무작업단이 평화조약과 관련한 쟁점들을 연구하였다. 이들은 기존의 전통적인 평화조약과 마찬가지로 징벌적이며 배상을 요구하는 초안을 준비하고 있었다. 특히 영토 조항에 대해서는 일본령을 위도와 경도를 특정하거나 지도에 경계선을 긋는 등의 방법으로 구체적으로 표시하고자 하였다.

영국이 만든 1951년 2월 28일자 초안은 독도뿐만 아니라 제주도, 울릉도조차 일본령으로 기재되어 있는 등 매우 부정확하고 조잡한 것이었다. 그러나 1951년 3월 작성된 초안에서는 경도와 위도를 거시하면서 일본의 영토를 정확하게 표시했는데, 여기에는 제주도, 울릉도, 독도가 일본령에서 배제되어 있었다. 이 초안에는 이와 같이 일본의 경계를 그은 지도도 첨부되었다.

1951년 4월 7일자로 작성된 초안은 미국을 비롯하여 캐나다, 호주, 뉴질랜드, 남아프리카공화국, 파키스탄, 스리랑카에도 송부될 정도로 공식성과 완결성을 지니고 있었다. 이 초안에 첨부

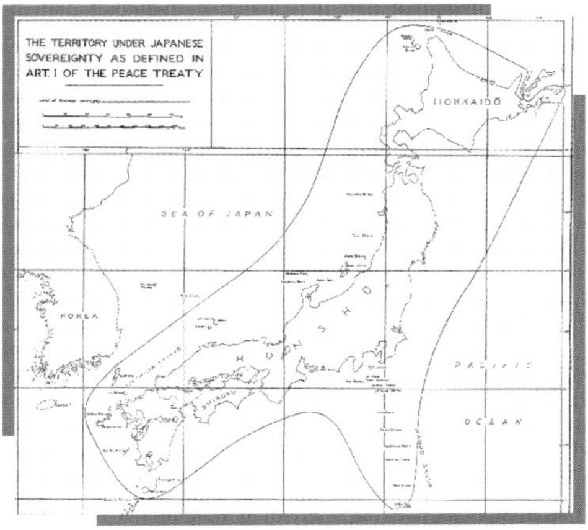

영국 외무성 대일평화조약 초안 첨부지도

된 지도에도 독도가 일본령에서 제외되어 있었다. 이 지도는 영국에서 발견되지 않고 미국립문서기록관리청에서 발견되었는데, 한국에는 정병준 교수를 통해서 널리 알려지게 되었다.

이 지도는 영국뿐만 아니라 캐나다, 호주, 뉴질랜드, 남아공, 인도, 파키스탄, 실론 등 최소한 8개국 이상의 영연방국가들이 1951년 3~4월 시점에 협의한 내용을 반영한 것이었다. 이들 국가들은 일본의 로비에서 자유롭고 일본을 자국의 이익을 위해 이용할 필요도 적었기 때문에 보다 공정한 입장이었다고 할 수 있다. 영국 역시 미국과 함께 대일평화조약을 주도한 국가였기 때문에 영국이 독도를 한국령으로 보고 있었다는 점은 한때 미국이 독도를 일본령으로 보았다는 점을 상쇄시킬 수 있는 정치적 무게를 지닌다.

영국과 미국의 협의와 대일평화조약 체결

미국과 영국은 1951년 3월부터 대일평화조약에 대한 협의에 들어갔다. 미국은 1951년 3월 23일자 초안을 관계국들과 영국에 전달했고 영국은 1951년 4월 7일자 초안을 관계국들과 미국에 전달하였다.

그러나 징벌적이고 구체적인 초안을 추진한 영국과 비징벌적인 단축형 조약을 추진한 미국은 조약문의 규정 방식, 중국의 회담참가 문제, 한국의 당사국 지위 문제 등에 있어서 적지 않게 충돌하였다. 덜레스가 영국을 배제하고 대일평화조약을 추진할 수 없느냐고 하소연을 할 정도였다.

특히 영토조항과 관련해서 영국은 지도에 선을 그어 일본 영토의 범위를 정확하게 표시하자고 주장한 반면, 미국은 그러한 획선이 일본에게 심리적인 저항감을 준다는 이유로 거부하였다.

합의가 되지 않자 미국과 영국은 1951년 4월 25일부터 5월 3일까지 워싱턴에서 다시 회담을 진행하였다. 그 과정에서 영토조항과 관련해서는 영국 초안처럼 지도에 획선을 하지는 않는 대신 미국 초안보다는 조금 더 구체적으로 관련지명을 언급하는 선에서 타협을 보았다.

그 결과 5월 3일 도출된 첫 영미합동초안 제2조의 한국 영토 관련 조항은 미국의 기존 초안에 "제주도, 거문도, 울릉도"를 추가하여, "일본은 제주도, 거문도, 울릉도를 포함한, 한국에 대한 모든 권리, 권원, 청구권을 포기한다"라고 명시하였다. 이 조항이 현재의 대일평화조약까지 이어지게 된 것이다. 그러나 이처럼 영토를 구체적으로 확정하지 않으면 추후에 영토분쟁이 발생하는 것은 불 보듯 뻔한 것이었다. 이를 우려한 국가들이 당시에도 문제를 제기하였다.

뉴질랜드도 이 초안에 대하여, 향후 영유권 문제가 발생하는 것을 방지하기 위하여 영국 초안과 같이 위도와 경도를 사용하여 일본 영토의 경계선을 분명하게 정하는 것이 바람직하다는 견해를 피력하였다. 이에 대해 미국은, 선으로 일본의 영토를 에워싸는 방식은 일본인들에게 심리적으로 부정적인 영향을 미칠 수 있고, 한국의 영토조항에 대하여 미국이 제주도, 거문도, 울릉도를 명시하겠다고 함으로써 영국이 획선 제안을 철회하는 데 동의하였다는 점 등을 들어서 반대하였다.

프랑스도 1951년 6월 14일자 미국의 초안과 관련하여 향후 발생할 수 있는 영토 분쟁을 UN에 의하여 처리하도록 하는 규정을 두는 것이 바람직하다고 주장하였다. 이에 대해 미국은 UN에게 부담을 주어 UN의 존립 자체를 위태롭게 할 수 있다는 등의 이유로 반대하였다.

덜레스는 이미 앞서 설명한 바와 같이 일부 국가들 사이의 영토분쟁 등 구체적인 문제들은 나중에 그 국가들 사이에서 개별적으로 해결하도록 하고 대일평화조약에서는 개괄적인 원칙만을 규정하여 조속히 체결하기로 결정한 상태였기 때문에 이들 국가들의 반대의견을 고려할 생각이 없었던 것이다.

이어서 미국과 영국은 제2차 영미합동초안 1951년 6월 14일과 제3차 영미합동초안 1951년 7월 3일을 도출하는 데 성공했다. 이들 초안은 다시 약간의 수정을 거쳐 8월 관련국들에 송부된 후, 9월 4일부터 8일까지 개최된 샌프란시스코 평화회의에서 48개국과 일본에 의해서 서명되었다.

일본과 전쟁관계에 있었던 국가는 54개국이었는데 이러한 국가들 중에서 이탈리아와 중국은 초청되지 않았고, 버마 현 미얀마, 인도, 유고슬라비아 현 세르비아, 슬로베니아, 크로아티아, 보스니아, 몬테네그로, 마케도니아 등 총 6개 국가로 분리는 회의에 참석하지 않았으며, 소련, 체코슬로바키아 현 체코와 슬로바키아로 분리, 폴란드는 회의에는 참석하였지만 서명은 하지 않았다. 한국은 당사국 내지 서명국으로 인정받지 못하였을 뿐만 아니라 옵서버 observer의 자격도 얻지 못했다. 한국이 회의에 참가할 경우 일본에 대한 책임을 물고 늘어져서 회담 진행이 어려워질 것을 미국 등이 우려했기 때문이다. 결국 한국은 완전한 비공식 자격의 방청객으로 회의에 참가하였다.

03

대일평화조약에 대한 한국의 대응

6·25전쟁

대일평화조약이 본격적으로 추진되던 1950년 무렵 한국에서는 6·25전쟁이 발발하였다. 분단이 고착화되면서 원래부터 남북한을 가로지르는 38선 부근에서는 크고 작은 국지전이 빈번하게 일어나고 있었다. 그러던 중 1950년 6월 25일 새벽, 북한이 전면적인 남침을 개시한 것이다.

이날은 휴일이라 약 1/3에 해당하는 한국 군대의 병력이 외출하였으며, 대부분의 부대 지휘관들이 2주 전에 막 교체된 상태였다. 이런 상황에서 북한이 소련제 탱크를 앞세우고 기습적으로 남침을 하자 탱크나 장갑차 한 대 없었던 남한은 속수무책으로 밀릴 수밖에 없었다.

미국에서는 6월 25일 UN 안전보장이사회가 소집되어 평화의 파괴를 선언하고 북한에게 적대행위의 중지와 38선까지의

1 6·25전쟁 당시 벌어진 낙동강 전투

2 인천상륙작전을 지휘하는 맥아더 UN군 사령관

철수를 요구하였다. 그러나 북한군은 이에 아랑곳하지 않고 계속 남으로 진격하였다. 북한군이 개전 3일째인 6월 27일에 서울 도봉구 창동까지 밀고 들어오자 한국 정부는 같은 날 정부를 수원을 거쳐 대전으로 옮겼다.

UN 안전보장이사회에서는 1950년 7월초 미국을 중심으로 통합사령부를 만드는 결의안을 채택하였다. 이에 따라 맥아더 장군이 UN군 총사령관으로 임명되었고 미국, 영국, 호주, 뉴질랜드, 프랑스, 캐나다, 남아프리카공화국, 터키, 태국, 그리스, 네덜란드, 콜롬비아, 에티오피아, 필리핀, 벨기에, 룩셈부르크 등 16개국이 참전하여 한국을 지원하였다.

그러나 북한군은 미군까지도 격파하면서 파죽지세로 남진하였으며, 8월초에는 경상도 일부를 제외한 대부분의 남한지역을 점령하였다. 한국 정부는 이미 부산으로 옮긴 후였고 UN군은 낙동강에 최후의 방어선을 쳤다.

그러던 중 맥아더 사령관이 이끄는 UN군이 1950년 9월 15일 인천상륙작전을 감행하면서 전세가 역전되었다. 한국군과 UN군은 9월 28일 서울을 되찾은 후 38선을 넘어 계속 북진하여 10월 19일에는 평양을 점령했으며, 10월 26일에는 압록강까지, 11월에는 두만강까지 진격하였다.

그러나 1950년 10월 말 중공군이 참전하여 반격에 나섬에 따라 한국군과 UN군은 후퇴하기 시작하였다. 1950년 12월 4일에는 평양에서 철수하였고, 1951년 1월 4일에는 다시 서울을 내주고 후퇴하였다. 맥아더 사령관은 중공의 개입에 대응하여 만주에 원자폭탄을 투하할 것을 주장하기도 하였으나 오히려 트루먼 대통령과 갈등을 빚어 1951년 4월 11일에 해임되었다.

1951년 1월에는 일본군의 참전설이 흘러나오기도 했는데 이승만 대통령은 이에 격렬하게 반발하였다. 2월 1일에는 UN 총회가 중공을 침략자로 규탄하고 한반도에서 중공군의 즉각적인 철수를 요구하는 결의안을 채택하였다. 그 무렵 중공군은 10만여 명의 전사자를 내고 퇴각하였고, 3월 14일에는 한국군과 UN군이 서울을 수복하였다.

이후 남북 간에는 대대적인 공격 없이 38선 부근에서 호를 중심으로 한 진지전이 계속되었고, 1951년 7월부터는 서서히 정전 논의가 시작되었다. 그러나 휴전회담은 남북 경계선 확정 방식과 양측 포로 송환의 원칙에 대한 이견으로 수시로 중단되었다가 재개되기를 반복했고, 회담이 중단될 때마다 치열한 전투가 재개되었다.

1951년 3월 23일자 초안에 대한 대응

한국 정부가 본격적으로 대일평화조약에 대처하기 시작한 것은 한창 전쟁 중이었던 1951년 1월부터였다. 이 당시 한국 외교부는 본부 직원이 30여 명에 불과했고 주미대사관 직원은 서너 명에 불과할 정도로 사정이 열악하였다.

장면 주미대사는 1951년 1월 17일 딘 러스크David Dean Rusk 극동담당차관보와 면담하여 한국이 대일평화조약에 참가하고자 한다는 것을 강조하였다. 또한 1950년 11월 국무총리로 임명된 장면은 귀국길인 1951년 1월 26일 도쿄에서 덜레스와 면담하였을 때에도 한국의 대일평화조약 참가를 요청하였다. 이에 덜레스는 미국은 한국을 참가시킬 예정이며 이와 관련해서 한국과 사전에 협의할 것이라고 밝혔다.

당시 대일평화조약과 관련하여 한국의 최대 관심사는 한국에 살던 일본인들이 패전 후에 놓고 간 재산, 이른바 재한일본재산 또는 적산敵產을 한국의 재산으로 처리하려는 것이었다. 전국에 걸쳐 산재된 이러한 재산은 그 액수를 합하면 상당한 것이었을 뿐만 아니라, 이를 산정해서 일본에게 내어준다는 것은 가치를 떠나서 그 자체로 매우 어렵고 복잡한 일일 수밖에 없었다. 한국 정부는 이 재산이 미군정을 거쳐 한국에 이양되었으므로 한국 재산이라고 주장한 반면, 일본은 1907년 헤이그조약 제46조의 사유재산 불몰수의 원칙에 따라 몰수될 수 없다고 주장하였다.

한국은 1951년 3월 무렵 처음으로 미국 측으로부터 대일평화조약 초안을 송부받았다. 이것은 1951년 3월 23일자 초안으로 주요 연합국 14개국 및 일본에게 송부된 것이었다. 이 초안에는 "일본은 한국에 대한 모든 권리, 권원, 그리고 청구권을 포기한다"라고만 규정되어, 독도나 다른 섬들에 대한 언급이 없었다.

대일평화조약 초안을 받은 한국 정부는 1951년 4월 16일 외무부 내에 '외교위원회'를 구성해서 정부의 의견서를 작성하기 시작하였다. 이 외교위원회에는 김준연 법무부장관, 유진오 고려대 총장, 배정현 변호사, 홍진기 법무부 법무국장 등이 참여하였고 주로 논의된 쟁점은 샌프란시스코 평화회의에 한국 참가 문제, 재한일본재산과 대일청구권 문제, 어업 문제, 통상 문제, 재일교포 문제 등이었다. 논의 결과 한국 정부는 1951년 4월 27일자로 8쪽짜리 "한국 정부의 대일평화조약 임시초안에 대한 논평 및 제안서"를 작성하여 미국에 송부하였다.

이 제안서의 주요 내용은 ① 한국에게 연합국 및 대일평화조약의 서명국 자격을 부여해줄 것, ② 재일한국인에게 연합국 국민 자격을 부여해줄 것, ③ 대마도를 반환해줄 것, ④ 재한일본재산의 한국 귀속을 인정해줄 것, ⑤ 대일평화조약 체결 이후에도 맥아더 라인을 존속시켜줄 것, ⑥ 한국도 국제사법재판소 회원국으로 참가시켜줄 것 등이었다. 이 제안서에는 대마도에 대한 권리 주장은 있었지만 독도에 대한 언급은 없었다. 이것은 당시 한국이 독도도 당연히 한국령으로 회복되었다고 알고 있었고 독도 문제로 일본과도 별 다툼이 없었기 때문이었던 것으로 보인다.

한국의 제안서에 대하여 미국은 1951년 5월 9일, 2쪽짜리 "미국 조약 초안에 대한 한국 측 비망록에 대한 논평"를 보냈다. 이 문서는 한국 측 요구를 11가지로 정리한 다음, 재한일본재산의 한국 귀속 요구를 제외한 나머지 요구들에 대해서는 수용할 수 없다거나 오해라는 등 부정적으로 답변하였다.

1951년 7월 3일자 초안에 대한 대응

양유찬 주미대사는 대일평화조약 체결을 약 두 달 남겨둔 1951년 7월 9일 덜레스 특사를 방문하였다. 양유찬은 원래 보스턴 대학교에서 의학을 공부하고 하와이에서 병원을 운영하던 의사였으나 이승만 대통령과의 인연으로 장면에 이어서 1951년부터 약 10년 동안 주미대사와 UN 총회 한국수석대표를 맡았다.

이 자리에서 덜레스는 제2차 영미합동초안인 1951년 6월 14일자 초안을 양유찬 대사에게 직접 건네주었다. 이는 한국이 수령한 두 번째 대일평화조약 초안이었다. 이 초안에는 한국의 영토조항에 관하여 대일평화조약의 최종본과 마찬가지로 '제주도, 거문도, 울릉도'만이 언급되었다. 덜레스는 아울러 한국의 조약서명국 자격을 부정하고, 대마도 반환 요구를 기각하였으며, 맥아더 라인의 존속 요청도 거부하였다.

같은 날 미국의 딘 애치슨Dean Goodenham Acheson 국무장관은 부산의 주한미대사관에 전문을 보내 덜레스-양유찬 면담 사실을 통보하며 한국 외무부에도 1951년 7월 3일자 조약 초안을 전달하라고 지시하였다.

미국의 1951년 7월 3일자 초안은 외교위원회에도 접수되었다. 당시 외교위원회를 주도하던 유진오는 한국에 수백, 수천 개의 부속도서가 존재하는데, 대일평화조약에서 단지 세 개의 섬만이 거론되면, 이 섬들만 한국에 반환되고 나머지 섬들은 여전히 일본 영토로 남아 있는 것이라는 억지스러운 주장이 제기될 수 있다고 생각하였다. 더 나아가 다른 섬들을 언급할 필요가 있다면 독도를 넣는 것이 장래 말썽이 일어날 여지를 없애기 위해서 좋겠다고 하였다.

유진오가 독도를 언급한 것은 최남선의 영향에 따른 것이었다. 유진오가 최남선의 집을 방문했을 때 최남선은 독도의 내력

유진오(兪鎭午, 1906~1987)

법학자이자 소설가이다. 법학을 전공하고 보성전문학교, 경성대학교, 고려대학교에서 교수로서 헌법, 국제법 등 공법을 가르쳤다. 일제강점기에는 《김강사와 T교수》 등의 소설로 이름을 날렸고, 해방 이후에는 제헌헌법을 기초하고 법제처장(1948~1949), 한일회담 한국 측 대표(1951~1952), 대한국제법학회장(1953~1968) 등을 지냈다. 이후 고려대학교 총장을 지내고 정치인으로 변신하여 민중당 대통령 후보, 신민당 총재를 지냈다.

을 유진오가 확신을 가질 수 있을 정도로 설명해주었으나 대마도가 우리 영토인가에 대한 질문에 대해서는 빙그레 웃으면서 고개를 좌우로 저었다고 한다.

최남선은 아울러 현재 이어도離於島로 알려진 파랑도波浪島에 대한 설명도 하였다고 한다. 한국 목포와 일본의 나가사키, 중국의 상하이上海를 연결하는 삼각형의 중심쯤 되는 바다 가운데 파랑도라는 섬이 있는데, 표면이 얕아서 물결 속에 묻혔다 드러났다 한다고 하였다. 파랑波浪이라는 이름이 물이 파랗게 났대서 하는 말인지 물결 속에 들어갔다 나왔다 하는 것을 가리키는 말인지 확실치는 않지만, 어쨌든 그것은 한국 영토로 확실히 해두는 것이 좋을 것이라고 하였다는 것이다.

대마도와 이어도

여기서 대마도와 이어도에 대해서 오늘날의 국제법적 관점에서 간략하게 소개하고자 한다.

대마도는 일본 규슈로부터는 147km 떨어져 있지만, 부산에서는 47km밖에 떨어져 있지 않다. 이 때문에 일찍부터 한국과 관계가 깊었다. 11세기 후반부터 대마도는 고려에 진귀한 물품을 바치곤 하였다.

여몽麗蒙 연합군의 일본 정벌 이후 고려와의 관계가 단절되자 많은 대마도민이 식량을 구하기 위해 왜구로 나섰다. 대마도는 섬 전체가 산지 지형이라 예부터 농사가 넉넉지 못하였기 때문이다. 고려 말부터 왜구의 창궐은 심각한 골칫거리였다. 이에 고려 공양왕 시절인 1389년에는 박위가, 조선 세종 시절인 1419년에는 이종무가 대마도 정벌에 나서기도 하였다.

조선은 매번 군사적으로 제압하기도 어려워서 대마도에 여러 회유책을 제공하였다. 3포를 개항하고 왜관의 설치를 허용함으로써 대마도가 조선과의 무역을 통해서 경제적 이익을 얻을 수 있도록 하였다. 또한 상당량의 세사미歲賜米, 조선 세종 때부터 해마다 대마도 도주에게 내려 주던 쌀를 하사하고 대마도민에게 무관 벼슬 등의 관직을 주었다. 조선은 대마도민이 조선의 울타리를 지키는 사람이라는 상징성을 부여한 듯하다.

조선은 대마도를 일본에 속한다기보다는 조선의 변방으로 인식하였다. 이종무의 대마도 정벌도 조선이 일본을 공격하는 것은 아니라고 생각하였다. 조선의 역사서 중에는 "대마도가 본래 우리 땅"이라거나 "경상도의 계림鷄林에 예속되어 있었다", "조선과 대마도의 관계는 부자관계와 같다"는 등의 언급도 있다.

그러나 조선이 대마도를 명확하게 자국령으로 인식하고 통치하였다는 근거는 찾기 어렵다. 오히려 중국의 진수가 편찬한《삼국지》三國志에는 대마도가 왜국의 일부로 기록되어 있다. 대마도 주민들은 자신이 조선에 속한다는 생각을 하지 않았다. 임진왜

란 이후 일본의 경제력이 크게 성장하면서 대마도의 일본에 대한 예속이 강화되었다. 메이지유신明治維新 이후 대마도는 나가사키현의 하위 지방행정단위로 편제되었고 대마도가 담당하던 대조선 외교도 1872년부터 일본 중앙정부가 직접 관장하였다.

이러한 사정들은 국제법적으로 볼 때 일본이 대마도에 대하여 상당기간 실효적 지배를 행사한 것으로 평가된다. 그 기간 동안 조선이 일본에 대해서 지속적으로 이의를 제기하면서 대마도의 영유권을 주장해온 것도 아니다. 그렇다면 이 기간 이후에 대마도가 한국령이라고 주장하는 것은 국제법적으로 인정받기가 쉽지 않다. 이런 점은 독도의 경우와 판이하게 다르다. 이 때문에 오늘날 대마도가 한국령이라고 주장하는 것은 자칫 독도 영유권 주장의 진실성마저도 의심받게 한다는 지적도 있다

1948년 8월 15일 대한민국 정부가 수립되자마자 이승만 대통령은 일제에 대한 배상으로 대마도 할양을 요구하였고, 이후에도 대마도 반환 주장을 여러 차례 반복하였다. 앞서 본 바와 같이 대일평화조약 체결과정에서도 한국 정부는 연합국 측에 대마도 반환을 공식적으로 요청하기도 하였다. 이러한 주장을 한 취지나 배경을 명확하게 알 수 있는 자료는 없다. 하지만 사견으로는, 앞서 언급한 바와 같이 일본이 대마도에 대해 상당한 기간 실효적 지배를 한 점에 비추어 국제법적으로 추단해보자면, 이러한 주장은 대마도가 당시 일본령임을 부정하지 않는 전

제에서, 그럼에도 불구하고 과거 조선령이었던 점을 고려해서 돌려달라거나 일제 침략의 배상으로서 달라는 취지로 보인다.

한편 이어도파랑도를 섬으로 알고 있는 경우가 많은데, 이어도는 섬이 아니다. 이어도가 섬으로 알려진 데에는 앞서 본 최남선의 영향이 있었던 것으로 보인다.

이어도는 수면 위로 모습이 드러나지 않는 수중 암초이다. 가장 높은 부분도 수심 약 4.6m의 바다 속에 있다. 큰 파도가 칠 경우 일시적으로 노출될 때도 있으나 여전히 섬은 아니다. 국제법상 섬으로 인정되기 위해서는 항상 수면 위로 돌출되어 있어야 하기 때문이다. 이어도에 2003년 종합해양기지가 설치되어 있지만 섬이 되려면 '자연적으로 형성된 육지지역'이어야 한다.

수면 위로 나오지 않은 이어도는 국제법상 섬이 아니며, 따라서 영해도, 배타적 경제수역도, 대륙붕도 가질 수 없다. 이 때문에 한국과 중국은 모두 이어도가 영토 분쟁의 대상이 될 수 없다는 인식을 가지고 있다.

다만, 한국과 중국 사이에는 아직 배타적 경제수역의 경계가 합의되지 않았다. 국가들은 연안으로부터 200해리 범위 내에서 배타적 경제수역을 설정할 수 있는데 이 범위가 서로 겹치는 경우에는 합의로 경계를 정해야 한다. 그러나 한국과 중국이 서로 다른 기준을 주장하고 있기 때문에 합의가 아직도 이루어지지 않고 있다. 한국은 중간선을 원칙으로 삼고자 하나 중국은 형평의 원칙을 내세우며 자신들이 보다 넓은 수역을 차지해야 한다고 주장한다. 그러나 그동안 중국이 주장하는 수역에 따르더라도 이어도는 한국의 배타적 경제수역 내에 들어간다. 다만 이어도는 일단 양국으로부터 200해리 이내에 위치하고 있어서 중국도 일단은 자국의 배타적 경제수역 관할에 속한다고 주장하는 것이다.

제2차 한미협의

한국 정부가 제2차 답신서를 작성하자 양유찬 주미대사는 1951년 7월 19일 한표욱 1등서기관을 대동하고 미 국무부의 덜레스를 만나 제2차 답신서를 직접 전달하였다.

한 쪽짜리의 이 답신서에서 한국 정부는 ① 영토 조항에 '독도와 파랑도'가 한국에게 반환된다는 것, ② 재한일본재산이 한국에 법적으로 이양되었다는 것, ③ 대일평화조약 발효 후에도 맥아더 라인이 존속된다는 것, 이렇게 세 가지 취지를 대일평화조약에 명시해줄 것을 요구하였다.

이것이 바로 대일평화조약 체결과정에서 최초로 한국 정부가 연합국에게 독도 영유권을 주장한 것이었다. 대일평화조약 체결이 불과 한 달 정도 남은 시점이자 대일평화조약 최종 초안이 완성되기까지는 2주일도 채 안 남은 시점이었다.

그 자리에서 덜레스는 독도와 파랑도가 어디 있는지를 물었다. 당시 미국 측에 독도는 '리앙쿠르암'이라는 이름으로만 알려져 있었고, '독도'라는 이름은 알려져 있지 않았기 때문이다. 이에 한표욱 1등서기관은 이 두 개의 작은 섬들이 일본해에 위치하고 있으며 대체적으로 울릉도 인근에 위치하는 것으로 알고 있다며 파랑도에 대해서는 부정확한 답변을 하였다. 덜레스는 이어서 이 섬들이 일본의 병합 이전에 한국령이었는지 물었고 양 대사는 그렇다고 대답하였다. 덜레스는 그렇다면 한국 영토에 포함시키는 데 아무 문제가 없을 것으로 본다고 하였다. 이것이 대일평화조약과 관련해 진행된 한미 협의과정에서 최초로 독도가 거론된 순간이었다.

그 밖의 쟁점에 대하여 덜레스는 재한일본재산 문제에 관해서는 생각해보겠다고 했고 맥아더 라인의 존속은 조약에 포함시킬 수 없다고 못 박았다.

러스크 서한

양유찬 대사가 덜레스를 면담하던 1951년 7월 미 국무부 내에서는 독도 문제가 본격적으로 논의되기 시작하였다. 지리전문가이자 당시 국무부 정보조사국 지리담당관으로서 이 문제를 맡고 있던 새뮤얼 보그스Samuel W. Boggs는 그 무렵 리앙쿠르암독도에 관한 세 건의 보고서를 작성하였다.

1951년 7월 13일 작성한 첫 번째 보고서에서는 리앙쿠르암이 일본령이라고 기재된 일본의 1947년 팸플릿을 언급하면서도, 대일평화조약 제2조 (a)에서 "일본은 한국의 독립을 승인하며, 제주도, 거문도, 울릉도 및 리앙쿠르암을 포함해 한국에 대한 모든 권리, 권원, 청구권을 포기한다"라는 형식으로 리앙쿠르암을 특정해주는 것이 바람직하다고 하였다.

1951년 7월 16일 작성된 두 번째 보고서에는 역시 일본의 팸플릿을 언급하면서, 만약 이 섬을 한국에 주도록 결정한다면 초안 제2조 (a)항 끝에 "및 리앙쿠르암"이라고 추가하기만 하면 될 것이라고 기재하였다.

1951년 7월 31일 작성된 세 번째 보고서에서는 양유찬 대사가 독도·파랑도를 언급한 것에 대하여 워싱턴에 있는 모든 자료들을 찾아보았지만 두 섬 모두를 확인할 수 없다고 하였다. 이것은 독도가 곧 리앙쿠르암임을 알지 못했기 때문이었다.

이후 한국 정부는 1951년 7월 27일에 1951년 8월 2일자로 기재된 제3차 답신서를 주한미국대사 무초John J. Mucho에게 전달하였다. 이 답신서는 양유찬 주미대사를 통해서 1951년 8월 2일 덜레스에게도 전달되었다. 이 답신서에서 한국 정부는 재한일본재산의 한국 귀속과 맥아더 라인의 존속을 거듭 주장했지만 제2차 답신서에서와는 달리 독도나 파랑도에 대한 언급은 하지 않았다.

대신 이 무렵, 양유찬 주미대사와 변영태 외무장관은 각기 미국과 한국에서 기자회견을 열어 독도 영유권을 주장하였다.

한편 미 국무부에서는, 보그스가 독도와 파랑도의 위치 확인에 실패하자 이를 미국에 있는 한국대사관에게 문의하였다. 이에 주미한국대사관의 한 관리는 자신들은 독도가 울릉도 인근이나 다케시마암 인근에 있다고 믿으며 파랑도 역시 그렇다고 생각한다고 부정확하고 부적절하게 답변하였다.

주미한국대사관을 통해서도 충분한 정보를 얻을 수 없자 미 국무부는 1951년 8월 7일 주한미국대사관에 문의하였다. 당시 보낸 전문의 내용은 미국 지리담당관이나 주미한국대사관 모두 독도나 파랑도를 확인할 수 없었고, 이들 섬들에 대한 정보를 즉각 들을 수 없다면 이들 섬들의 영유권을 확인해달라는 한국측의 제안을 고려할 수 없다는 것이었다. 이에 대해 주한미대사관은 다음날인 8월 8일 독도는 일본명으로 다케시마이며 한국 외무부가 파랑도에 대한 요구를 철회하였다고 답신하였다. 이로써 미국은 리앙쿠르암이나 다케시마가 바로 독도라는 것을 알게 된 것이다.

이러한 미국의 움직임을 보면 비록 덜레스가 원칙적으로 단축형 조약을 추구하였지만, 독도 문제에 있어서는 한국의 요청을 고려하여 대일평화조약에 독도를 한국령으로 명시할 여지도 없지는 않았던 것으로 보인다. 그렇기 때문에 당시 한국 정부가 독도에 관한 충분한 정보를 미국 측에 제공하지 못했던 것은 매우 안타깝다. 만약 독도에 대한 충분한 정보가 미국 측에 제공되었다면 대일평화조약에 독도가 한국령으로 명시될 가능성도 있었고, 그랬다면 오늘날 일본이 독도 영유권을 더 이상 주장할 수 없었을지도 모른다. 당시 한국은 일본으로부터 해방된 직후 분단에 이어서 6·25전쟁을 치르는 중이었고, 주미대사관에는 한국 직원이 서너 명에 불과할 정도로 환경이 열악했으므로 이처럼 부족한 대응을 한 것이 이해되는 측면도 있지만, 그렇다고 해도 여전히 안타까움은 지울 수 없다. 외교관 한 명 한 명의 말과 지식이 역사의 흐름에 얼마나 중요한 파장을 미칠 수 있는지를 일깨워주는 대목이다.

결국 미 국무부는 딘 러스크 국무장관 명의로 1951년 8월 10일 양유찬 주미대사에게 한국의 요구에 관한 미국의 입장을 담은 이른바 러스크 서한을 보냈다. 이 서한에서 미국은 맥아더 라인의 유지 요청을 기각하였고, 재한일본재산의 한국 귀속을 인정하였다. 아울러 다음과 같이 독도의 영유권에 대한 미국의 판단을 게시하였다.

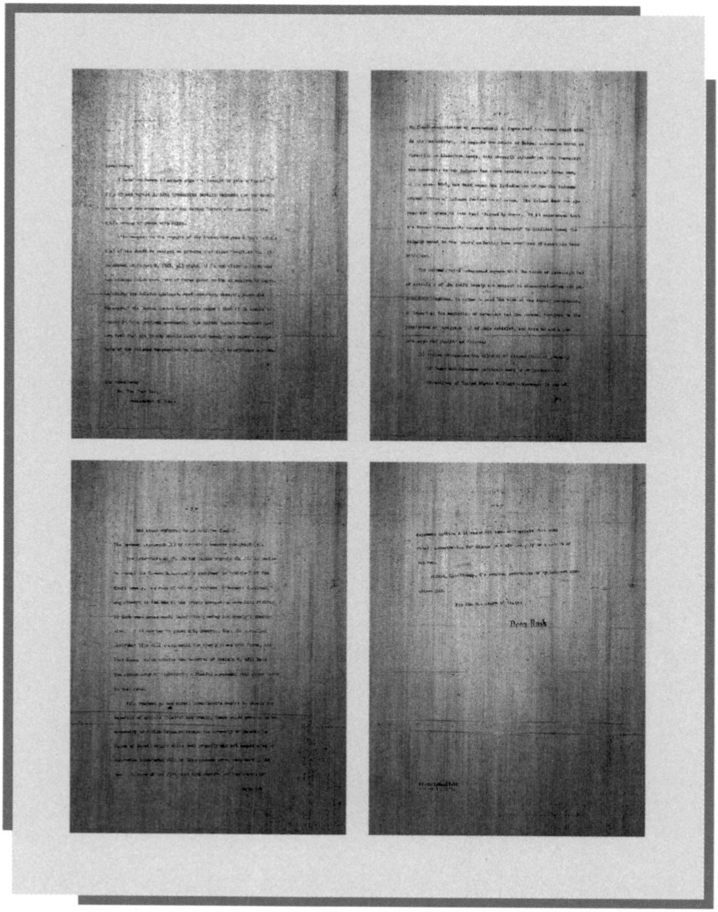
Dean Rusk

딘 러스크 미 국무장관이 보낸 이른바 러스크 서한

… 제2조에 독도, 파랑도를 포함시켜달라는 한국의 요청에 대하여, 미국은 그렇게 해줄 수 없음을 유감스럽게 생각한다. 미국은 일본이 1945년 8월 9일 포츠담 선언을 수락한 것이 곧 포츠담 선언에서 다루어진 지역에 대한 일본의 공식적 또는 최종적인 주권의 포기를 구성한다는 이론을 대일평화조약이 채택해야 한다고는 생각하지 않는다.

독도 — 다른 이름으로는 다케시마 혹은 리앙쿠르암으로 불리는 — 와 관련해서 우리 정보에 따르면, 통상 사람이 거주하지 않는 이 바윗덩어리는 한국의 일부로 취급된 적이 없으며, 1905년 이래 일본 시마네현 오키도사 관할하에 놓여 있었다. 한국은 이전에 결코 이 섬에 대한 권리를 주장하지 않았다.

일본은 이 러스크 서한을 대일평화조약이 독도를 일본령으로 확정하였다는 매우 중요한 근거로 삼고 있다.

04

국제법의 관점에서 본 대일평화조약 제2조

대일평화조약은 독도를 일본령으로 확정한 것인가?

대일평화조약 제2조는 일본이 반환해야 할 섬으로 제주도, 거문도, 울릉도만을 거시하고 독도를 언급하지 않았다. 그러나 그렇다고 해서 나머지 한국의 3천 개가 넘는 섬들이 모두 일본령으로 확정된 것은 아니다. 마찬가지 이유로 위 조항에 독도가 언급되지 않았다는 점만으로는 독도가 일본령으로 확정되었다고 볼 수는 없다.

그렇다면 대일평화조약은 독도 영유권이 어느 나라에 있다고 판단한 것인가? 일본령으로 결정한 것인가, 아니면 한국령으로 결정한 것인가? 사견으로는 다음과 같은 점들을 고려할 때 대일평화조약은 독도 영유권을 결정한 바 없다고 생각한다.

첫째, 대일평화조약의 취지 자체가 독도와 같이 특정 국가들 사이에서만 문제시되는 세부사항에 대한 규정은 배제하는 것이었다. 덜레스가 조속하게 대일평화조약을 매듭짓기 위해 '단축형' 조약을 추진하였다는 점은 앞서 충분히 설명한 바 있다.

덜레스는 준비에 착수한 시점으로부터 불과 1년 반도 안 되어 당사국이 49개국이나 되는 대일평화조약의 체결을 성공시켰다. 오늘날 정치적 이해관계가 그리 첨예하게 충돌하지 않는 다자조약들도 체결과정에 10~20년 이상 걸리는 경우가 적지 않은 점에 비추어 보면 대일평화조약이 얼마나 짧은 시간 내에 체결된 것인지를 알 수 있다. 그 추진동력은 바로 일부 국가들 사이에 분쟁이 될 만한 부분은 대일평화조약에서 다루지 않기로 한 데 있었다. 이것이 바로 대일평화조약에서 독도 문제가 명쾌하게 해결되지 않은 근본 원인이었다.

둘째, 독도 영유권 문제를 대일평화조약에서 결정하지 않기로 한 것은 대일평화조약을 주도했던 미국과 영국의 협의과정에서도 분명하게 드러났다. 당초 독도를 한국령으로 보았던 영국과, 독도 문제를 대일평화조약에서 다루지 않고자 했던 미국은 협의를 통해 일본의 영토를 선으로 표시하고자 했던 영국의 초안을 철회하는 대신, 미국 초안에 '제주도, 울릉도, 거문도'를 추가하는 것으로 타협을 보았던 것이다. 이러한 사정은 대일평화조약이 독도를 일본령으로 확정하지 않은 것은 물론 한국령으로도 확정하지 않았다는 정황이 된다.

셋째, 미국은 대일평화조약 체결 직전인 1951년 7월 독도 영유권을 본격적으로 검토한 결과 잠정적이나마 일본령이라는 결론을 얻었지만, 그럼에도 불구하고 대일평화조약에 독도를 일본령으로 명시하지 않았고 관련 당사국에게 이러한 입장을 널리 피력하지도 않았다. 오히려 그 이후에도 스스로 미국의 입장이 당사국들 중 한 국가의 입장일 뿐이라며 법률적 이해관계가 없다고 하였다.

넷째, 대일평화조약 당사국인 49개국 중 대다수의 국가들이 독도 문제에 대해서 아무런 입장을 표명하지 않았다.

이런 사정들을 종합적으로 고려할 때, 사견으로는 대일평화조약이 독도를 한국령이나 일본령으로 확정지었다고 보기 어렵다고 생각한다. 따라서 독도 영유권 문제는 대일평화조약을 떠나서 그 이전의 사정들에 근거해서 판단할 수밖에 없는데, 이러한 사정을 고려할 때 독도는 한국령일 수밖에 없다. 그렇다면 비록 대일평화조약 자체가 독도의 영유권 귀속을 판단한 것은 아니지만 기존에 독도가 한국령임을 고려할 때 대일평화조약 제2조를 해석할 때에는 독도가 한국령으로 포함된 것으로 해석하는 것이 타당하다고 생각한다.

미국 입장의 법적 효력

이에 일본은 당시 미국이 독도를 일본령으로 보았다는 점을 근거로 든다. 미국이 한때 독도를 일본령으로 판단한 것은 사실이다. 미국이 대일평화조약 체결과정에서 주도적인 역할을 한 것도 사실이다. 그렇다면 국제법적인 견지에서 위와 같은 미국의 입장은 대일평화조약의 입장으로 볼 수 있는 것인가? 대답은 '그렇지 않다'이다.

첫째, 법률적으로 미국은 대일평화조약의 일본 외 48개 당사국 중 하나일 뿐이다. 미국이 나머지 국가들로부터 의견 형성에 있어서 대리권이나 대표권을 위임받은 것도 아니다. 따라서 미국이 독도를 일본령이라고 보았다고 하더라도 그것에 대해 다른 당사국들이 모두 동의하지 않은 이상 대일평화조약 자체가 독도를 일본령이라고 보았다고 할 수는 없다. 이 점은 대일평화조약 특사였던 덜레스조차 국무장관 시절 "미국은 당사국들 중 1개 국가일 뿐이고 독도 문제에 대하여 법률적 이해관계가 없다"고 밝힌 바 있다.

대일평화조약 체결에 있어서 미국과 함께 주도적인 역할을 한 영국은 독도를 한국령으로 보았다. 그러나 그렇다고 해서 대일평화조약이 독도를 한국령으로 확정한 것이라고 주장하기는 어렵다. 이와 마찬가지로 미국이 독도를 일본령으로 보았다는 점만으로 대일평화조약이 독도를 일본령으로 확정하였다고 할 수는 없는 것이다.

둘째, 미국은 러스크 서한을 샌프란시스코 평화회의에서 주장하거나 대일평화조약의 해석 지침을 정하기 위해서 작성한 것이 아니다. 러스크 서한이 작성되던 1951년 8월 10일, 미국은 이미 7월 20일에 대일평화조약의 최종 초안을 관련 51개 당사국들에게 송부한 상태였기에 대일평화조약의 내용을 변경하려는 의사가 없었다. 게다가 미국은 러스크 서한을 다른 당사국이 아니라 오로지 한국에만 송부하였다. 러스크 서한에 있는 재한 일본재산 문제나 맥아더 라인 문제에 대한 언급도 오로지 한국에만 관련이 되는 것이었다. 벤플리트의 귀국보고서가 대일평화조약과 직접적 관련이 없다는 것은 굳이 설명이 필요하지 않다. 따라서 이들 문서를 대일평화조약의 해석에 이용할 수는 없다.

셋째, 러스크 서한의 내용 자체를 보더라도 이 결론이 잠정적인 것임을 알 수 있다. 러스크 서한의 문구에서도 서두에 '우리 정보에 의하면'이라고 밝혀 그 내용이 제한적인 정보범위에서 내린 잠정적인 결론임을 전제하였다. 미국이 당시 취합한 정보라는 것도 일본의 팸플릿, 주일법률고문 시볼드의 전문, 주미한국대사관 및 주한미국대사관에 대한 구두문의 정도가 전부로 매우 제한적인 것이었다.

넷째, 미국이 내부적으로 독도를 일본령이라고 생각하였다는 것과 대외적으로 대일평화조약 등을 통하여 독도를 일본령으로 결정하려고 하였다는 것은 다르다. 앞서 살펴본 상황들을 종합하면 미국은 '단축형' 조약을 추진하여 조속히 조약을 체결하고자 했기 때문에 독도와 같은 작은 섬의 영유권 문제는 대일평화조약에서 결정하지 않으려고 하였다. 즉, 설사 미국이 당시 독도를 일본령으로 보았다고 하더라도 대일평화조약에서는 독도 영유권을 결정할 생각이 없었던 것이다. 만약 그럴 생각이 있었다면 미국은 일본이 반환해야 하는 영토를 규정한 대일평화조약 제2조에 '독도는 제외'라는 취지를 명시했을 것이다. 일본이 근거로 들고 있는 벤플리트 귀국보고서에도 미국이 독도를 일본령이라 보았지만 한일 간의 분쟁에 관여하지는 않기로 하였다는 점을 명시하고 있다.

다섯째, 대일평화조약 체결 직후 미국은 독도 문제에 대해서 중립적인 입장으로 선회하였고 지금까지도 중립을 지키고 있다.

대일평화조약 초안의 법적 의미에 대하여

일본 학자들 중에는 츠카모토 타카시塚本孝와 같이 대일평화조약 초안을 근거로 대일평화조약이 독도를 일본령으로 보았다고 주장하는 경우도 있다. 한국 학자들 중에서도 초안의 추이를 정밀하게 해석하여 대일평화조약이 독도를 일본령으로 보았다거나 한국령으로 보았다는 결론을 내리는 경우들이 있다. 그러나 사견으로는 다음과 같은 관점에서 이들 연구가 초안에 지나치게 과도한 의미를 부여하고 있다고 본다.

그에 앞서 초안에 번호를 붙이는 관행에 대해서 언급할 부분이 있다. 독도와 관련된 상당수의 저서나 일부 논문에서는 대일평화조약 초안들에 대하여 9차 또는 4차까지의 '차수'를 붙이고 있다. 예를 들어, 1~5차 대일평화조약 초안에는 독도가 한국령으로 기재되었는데, 6차 초안에서 일본령으로 변경 기재되었다가, 다시 7~9차 초안에서는 최종 조약문에서와 같이 독도에 대한 명시적 언급이 사라졌다는 식이다.

그러나 대일평화조약 초안들은 미국국립문서보관소에 현존하는 것만 해도 20여 개를 상회하며, 당시에는 존재했지만 현존하지 않는 것도 많을 수 있다. 그 초안에도 '몇 차'라는 기재가 없다. 어떤 초안은 날짜조차 없고 어떤 초안은 미완성이다. 그 성격이나 용도도 초안마다 다르다. 따라서 위와 같이 이들 초안들에 번호를 매기거나 병렬적으로 취급하는 것은 옳지 않다.

다음으로 일반적으로 조약 초안이 조약 해석에 어떤 비중을 차지하는지 생각해보자. 1969년 조약법협약 제32조는 해석의 보충적 수단으로서 다른 방법으로 해석한 결과 의미가 애매하거나 명백히 불투명한 경우 등에 '교섭기록'이나 체결 시의 사정에 의존할 수 있다고 규정하고 있다. 이를 근거로 일부 학자들은 대일평화조약 초안들을 세밀하게 분석해서 대일평화조약이 독도를 일본령으로 보았다거나 한국령으로 보았다는 식의 결론을 내리기도 한다.

그러나 사견으로는 이들 연구가 조약 해석에 관한 '교섭기록'

의 한계에 보다 유의해야 한다고 본다. '교섭기록'은 어디까지나 '보충적인' 해석 수단일 뿐이므로 중요한 사항에 대한 해석을 교섭기록만 가지고 독자적으로 결정할 수는 없다.

또한 대일평화조약의 당사국들이 독도 영유권의 귀속을 구체적으로 결정하지 않았음에도 초안의 해석을 통해 이를 결정한 것으로 보는 것은 이미 '해석'의 한계를 넘어선 '입법'이다.

아울러 어떤 초안들이 조약법협약에서 말하는 '교섭기록'에 해당될 수 있는지에 대해서도 보다 신중하게 생각해보아야 한다. 대일평화조약 초안들이 모두 다 '교섭기록'에 해당한다고 볼 수는 없다. 기존 연구들이 주목하는 초안들은 대부분 '미국'의 초안일 뿐이지 관련 당사국들이 공동으로 작성한 것이 아니므로 이를 '대일평화회담'의 초안이라고 할 수 없다.

미국 초안들도 그 용도와 성격이 각기 다르다. 미국 국무부 내부에서만 참고하기 위해 시험적으로 작성된 초안이 있는가 하면, 국무부가 다른 부처의 의견을 묻기 위해서 회람한 초안도 있고, 영국과 협의를 하기 위해 영국에게 제시된 초안도 있으며, 그 밖의 다른 나라들에게 의견을 묻기 위해 송부된 초안들도 있다. 이 중 미국 내부용으로만 작성된 초안으로는 미국의 개별적 입장을 파악할 수 있을 뿐이지, 이를 근거로 49개국이 서명한 대일평화조약 전체의 의미를 해석하는 것은 그 정당성을 찾을 수 없는 일이다.

사견으로는 초안이 조약 해석의 근거가 되는 '교섭기록'에 해당하기 위해서는 적어도 다른 대다수 당사국에게 제시되어야 한다고 생각한다. 이런 관점에서 볼 때 영미합동초안이 도출된 이후 미국이 대일평화조약 체결 직전 당사국 대다수에게 보낸 일부 초안들만이 '교섭기록'에 해당되어 해석에 고려될 수 있을 것이다. 그러나 이들 초안에는 독도에 대한 언급이 전혀 없기 때문에 이들 초안을 근거로 대일평화조약이 독도를 한국령 또는 일본령으로 보았다는 결론을 도출할 수는 없다. 아울러 미국은 대일평화조약 체결을 한 달여 남겨둔 1951년 7월까지도 독도 영유권에 대한 입장을 확정하지 못하였다. 국무부 정보조사국 지리담당관인 새뮤얼 보그스가 1951년 7월 13일자 및 7월 16일자 보고서에서까지도 독도를 한국령이라고 보았다가, 8월 10일 러스크 서한에서 잠정적, 제한적으로나마 독도를 일본령으로 본 것이다. 따라서 이 시점 이전의 초안들을 살펴보는 것은, 대일평화조약 전체를 해석하는 데는 물론이고, 대일평화조약 체결 당시 미국의 입장이 최종적으로 어떠했는지를 알아보는 데에도 별 의의가 없다.

또한 국제법원은 코르초프 팩토리Chorzow Factory 사건과 부르키나파소/말리 사건 등에서 협상 중의 선언, 인정, 제안 등은 최종 합의에 이르지 못한 이상 조약 해석에 고려되지 않는다고도 하였다.

따라서 대일평화조약 초안들의 경우 설사 당사국들에게 제시되었다고 하더라도 최종 합의에 이르지 않은 이상, 이는 일종의 제안 또는 선언에 불과한 것으로 대일평화조약 해석에 고려되기 어려울 수 있다.

요컨대 초안에 지나친 의미를 부여하여, 이를 통해 대일평화조약이 판단하지 않은 영역조차도 판단하려 드는 우를 범해서는 안 된다고 생각한다.

대일평화조약 제2조가 한국에 미치는 법적 효력

앞서 본 바와 같이 대일평화조약 제2조는 독도를 한국령으로도, 일본령으로도 결정하지 않았다. 그럼에도 불구하고 일본이 주장하듯이 대일평화조약이 독도를 일본령으로 결정하였다고 가정해보자. 그렇다면 독도가 법적으로 일본령이 되는 것인가?

조약은 당사국에게만 효력이 미치는 것이 원칙이다. 그런데 한국은 대일평화조약의 당사국이 되려고 노력했으나 받아들여지지 않았다. 그렇다면 원칙적으로 대일평화조약은 한국에게 법적 효력을 미치지 못한다.

한국이 대일평화조약의 법적 효력을 전혀 받지 않는 것은 아니다. 대일평화조약 제21조는 한국이 제2, 4, 9, 12조의 이익을 받을 권리를 취득한다고 규정하고 있다. 런던에서 1951년 6월 2일부터 14일까지 개최된 제2차 영미회담에서 영국과 미국은 한국에게 대일평화조약 당사국의 지위를 인정하지 않는 대신 대일평화조약의 제2조 등의 이익을 받는 권리를 부여하기로 합의하였다.

이 제21조를 근거로 한국은 제2조에 대해서도 이익을 받을 권리를 취득한다. 즉, 일본이 한국 영토에 관해 포기한 권리를 법적으로 누릴 수 있게 되는 것이다. 이런 규정이 없다면 한국이 사실상 반사적으로 이익을 얻더라도 이를 법적 권리로 볼 수는 없는데, 이 규정이 있음으로써 이런 이익을 법적으로 주장할 수 있는 권리를 갖게 되는 것이다.

한국이 제2조 (a)의 이익을 받을 권리를 가진다고 해서 독도 영유권과 관련하여 제2조 (a)가 한국에게 이익이 되는 방향으로 해석되어야 한다고 주장할 수 있는 것은 아니다. 제21조의 취지는 제2조를 해석한 결과 한국에게 이익이 되는 부분이 있는 경우에 그것에 대해 한국이 반사적 이익이 아니라 법적인 권리를 가진다는 취지이지 제2조 등에 대한 해석 자체가 한국에게 유리하게 이루어져야 한다는 취지는 아니기 때문이다.

그러나 한국은 제2조의 이익을 받을 법적 권리를 가지지만 의무를 부담하지는 않는다. 왜냐하면 한국은 대일평화조약의 당사국이 아니기 때문이다. 따라서 설사 대일평화조약이 제2조에서 독도가 일본령이라고 명시하였다고 하더라도 한국은 법적으로는 이에 구속되지 않는다.

평화선과 독도

이승만 대통령은 1952년 1월 18일 독도를 포함하여 해상에 한국의 주권이 미치는 영역을 표시한 해양주권선을 선포하였는데, 이를 일명 평화선이라고 한다. 이 선언은 선포 초기에는 '해양주권선 선언'이라고 호칭되었지만, 이후 미국, 일본 등이 반발하자 1953년 2월 8일 정부는 이 선언의 목적이 한일 양국의 평화 유지에 있다는 성명을 발표하였는데, 이 무렵부터 '평화선'이라는 명칭이 국내에서 널리 사용되었다고 한다. 이 장에서는 평화선의 탄생과정과 그 의의를 살펴보고자 한다.

01

일본과 평화선

2012년 8월 10일, 이명박 대통령이 한국 대통령으로서는 역사상 처음으로 독도를 전격 방문하자 일본은 이에 격렬하게 항의하였다.

일본 정부는 이명박 대통령이 독도를 방문한 당일 무토 마사토시武藤正敏 주한대사를 본국으로 소환하였다. 일주일 뒤인 같은 달 17일에는 노다 요시히코野田佳彦 일본 총리가 이 대통령의 독도 방문 등에 유감을 표하는 서한을 주일 한국대사관에 전달하였다. 또 다시 일주일 뒤인 같은 달 21일에는 일본 정부가 한국 정부에게 독도 문제를 ICJInternational Court of Justice: 국제사법재판소 재판을 통해서 해결하자는 내용의 구술서를 공식적으로 전달하였다.

이어서 노다 총리는 같은 달 24일 저녁 특별기자회견을 열었는데 그 자리에서 그는 "영토주권을 지키기 위해 불퇴전의 각

1 독도를 방문 중인 이명박 대통령
2 특별기자회견 중인 일본의 노다 총리

오로 임하겠다"는 등의 격한 언사들과 함께 "한국은 일방적으로 이승만 라인을 설치해 독도를 힘으로 불법 점거했다"고도 하였다. 여기서 '이승만 라인'이 바로 한국에서 말하는 평화선이다.

이승만 대통령은 1952년 1월 18일 독도를 포함하여 해상에 한국의 주권이 미치는 영역을 표시한 해양주권선을 선포하였는데 이를 일명 평화선이라고 한다.

그런데 평화선 선언을 보면 제목이나 본문 그 어디에도 '평화선'이라는 용어는 물론이고 '평화'라는 단어조차 없다. 그런데 이것이 왜 평화선이라고 불리게 되었을까? 이 선언의 정식 명칭은 상당히 긴 편이었기 때문에 선포 초기에는 '해양주권선 선언'이라고 호칭되었다고 한다. 이후 이에 대하여 미국, 일본 등이 반발하자 한국 정부는 1953년 2월 8일 이 선언의 목적이 한일 양국의 평화 유지에 있다는 성명을 발표하였는데, 이 무렵부터 '평화선'이라는 명칭이 국내에서 널리 사용되었다고 한다.

오늘날 한국에서는 평화선이 한일협정이 체결됨과 동시에 소멸하였다고 믿고 있다. 그러나 앞서 노다 총리의 기자회견에서 보듯이 일본에서는 아직도 평화선의 영향력이 남아 있다. 노다 총리의 발언에서도 엿볼 수 있듯이 일본은 평화선 선포를 계기로 독도를 한국에게 물리적으로 빼앗겼다고 보고 있다.

이에 일본은 독도를 되찾아오기 위한 방안으로 전쟁을 벌이

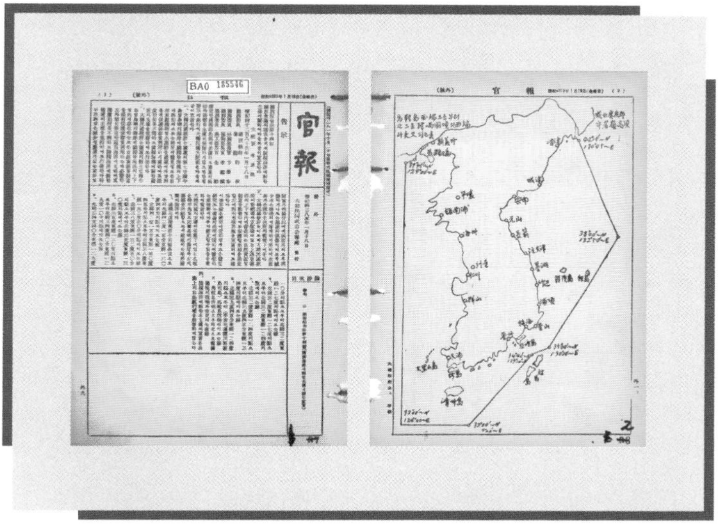
官報

1952년 1월 18일 발표한 '인접해양에 대한 주권에 관한 선언'
(대한민국 국무원 고시 제14호), 이른바 평화선

는 것은 사실상 힘드니, ICJ 재판에 기댈 수밖에 없다. 일본이 독도에 대한 영유권을 주장할 때 평화선과 ICJ를 함께 언급하는 것은 바로 이런 맥락 때문이다. 평화선은 소멸한 지 반세기가 지나가는데도 여전히 일본에게는 치명타로 존속하고 있다. 죽은 제갈공명이 산 사마중달을 물리치는 격이다.

오늘날까지도 이처럼 일본이 평화선에 대해 불만을 표시하는 것으로 미루어보아, 평화선이 선언되던 1951년 당시에 일본의 저항이 얼마나 거세었는지 충분히 짐작하고도 남는다. 평화선 선포 직후부터 한일 정부 사이에 수십 차례 외교문서가 오갔고 그 와중에 독도 영유권에 관한 논쟁이 벌어지기도 하였다. 이 단락에서는 바로 이 당시 상황에 대해서 소개하고자 한다.

평화선은 당초 상공부 수산국이 어업관할수역으로서 처음 추진하였으나 이후 외무부가 관여하는 과정에서 독도가 포함되었다. 오늘날 청와대의 전신인 경무대에서는 처음에 이 안을 거부했으나, 불과 4개월 만에 훨씬 더 강력한 내용의 해양주권선을 선포하였다. 대체 무엇 때문에 이처럼 평화선의 내용이나 성격이 변경되었던 것일까?

관련 자료들에 따르면 당시 상공부, 외무부 및 경무대는 각기 다른 관점에서 평화선을 추진하였다는 것을 알 수 있다. 이하에서는 평화선이 탄생하고 독도가 포함되게 된 과정을 각각 상공부, 외무부 및 경무대의 관점에서 재구성해보고자 한다.

02

평화선의 탄생과정

상공부의 어업관할수역 추진

1876년 강화도조약 이후 조선 근해에서 어업을 하는 일본 어민들이 부쩍 늘어났다. 1895년 청일전쟁에서 승리하고 1900년대 초 동력선 개발에 성공하면서 일본의 원양어업은 비약적으로 발전하였고, 당연히 조선 근해에서의 어획 또한 크게 늘었다. 1910년 한일강제병합 이후에는 일본 어민들의 조선 근해 어업은 더욱 폭증하였다.

그러자 한국이 아무리 식민지라고는 해도 무분별한 남획이 계속되면 어족자원들의 씨가 마를 수 있음을 우려한 일본 정부는 일본 어선의 한국 근해 어업을 규제하기 시작하였다.

이에 따라 조선총독부는 1911년 일부 수역에 트롤어업금지수역을 설정하였으며, 1929년에 이를 다시 한반도 주변 수역 전체로 확대하였다. 당시의 트롤어업금지수역은 함경도로부터

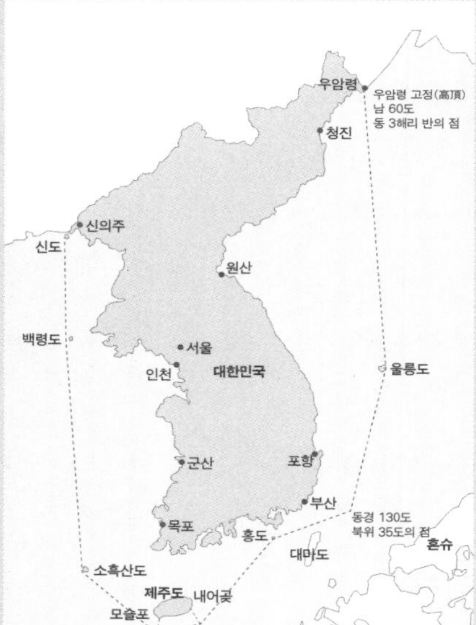

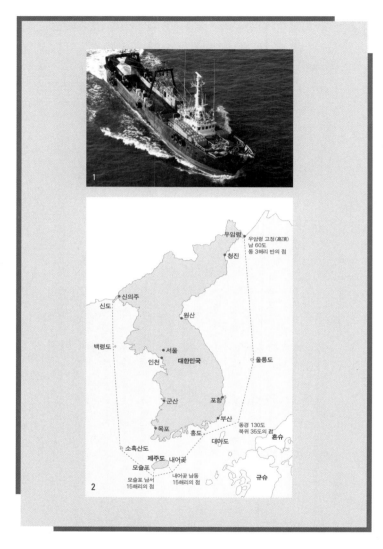

1 트롤어선의 모습
2 1911년 조선총독부가 설정한 트롤어업금지구역

시작하여 동해의 울릉도와 남해의 제주도를 포함하고 서해를 지나 평안도까지 이어지는 선이었으나, 이는 울릉도의 동단만을 지났을 뿐 독도는 포함하지 않았다.

해방 후에는 앞서 설명한 맥아더 라인이 트롤어업금지구역을 대체하였다. 맥아더 라인은 일본의 선박 및 선원은 독도로부터 12해리 이내에 접근해서는 안 된다고 규정하고 있었다.

그럼에도 일본 어선들은 아랑곳하지 않고 한국 근해에서 조업을 계속하였다. 일본 어선들이 계속해서 맥아더 라인을 넘어와서 한국 근해에서 조업을 하는데도 연합국이나 일본 정부는 이를 제대로 막지 않았다. 이에 한국 정부가 직접 일본 어선을 나포하였다가 연합국 최고사령부와 갈등을 빚기도 하였다.

1950년 6·25전쟁이 시작된 이후부터는 한국 정부의 감시가 소홀해진 틈을 타서 일본 어선은 아무런 제한 없이 맥아더 라인을 침입하기 시작하였다. 한국 정부가 이에 대해서 항의하면 연합국 총사령부는 평화조약이 체결되고 나면 한국과 일본 간에 어업협정을 체결하여 이 문제를 해결해야 한다고 권고할 뿐이었다. 하지만 당시는 국민들의 반일감정이 극에 달해 있을 때

트롤어업

동력선으로 자루 모양의 그물인 끌그물어구(引網漁具)를 끌어서 고기를 잡는 어업을 말한다. 주요 어획 대상은 도미, 쥐치, 갈치, 가오리, 새우 등이다.

였기 때문에 일본과 교섭을 한다는 것은 기대할 수가 없었다. 뿐만 아니라 일본의 어업이 훨씬 더 발전된 상황이었으므로 일본이 자발적으로 자신들에게 손해임이 분명한 어업협정을 체결할 리가 없었다.

이런 배경에서 상공부 수산국에 근무하던 지철근 등이 한반도 주변 바다에 일방적으로 어업관할수역을 설정하자는 주장을 제기하고 이를 추진하기 시작한 것이다.

당시 해양법상 영해가 3해리로 인정되고 있었고 배타적 경제수역이라는 개념 자체가 존재하지 않았으므로 3해리의 영해 밖이기만 하면 원칙적으로 어느 나라의 어선도 어획을 할 수 있었다. 그럼에도 불구하고 상공부 수산국이 어업관할수역의 주요 근거로 삼은 것은 두 가지였다.

하나는 1945년 미국의 트루먼 선언 이후 중남미 여러 국가들이 대륙붕과 인접수역에 대하여 일방적으로 권리가 있음을 선언한 사례들이다. 미국의 트루먼 대통령은 1945년 9월 28일 대륙붕의 천연자원이 미국의 관할권과 통제권하에 있으며, 미국 연안에 인접한 바다를 어업자원보존수역으로 지정한다고 선언하였다. 그러자 멕시코, 파나마, 아르헨티나 등 중남미 국가들도 대륙붕과 인접해역 등에 대한 권한을 행사하겠다는 선언을 하였다.

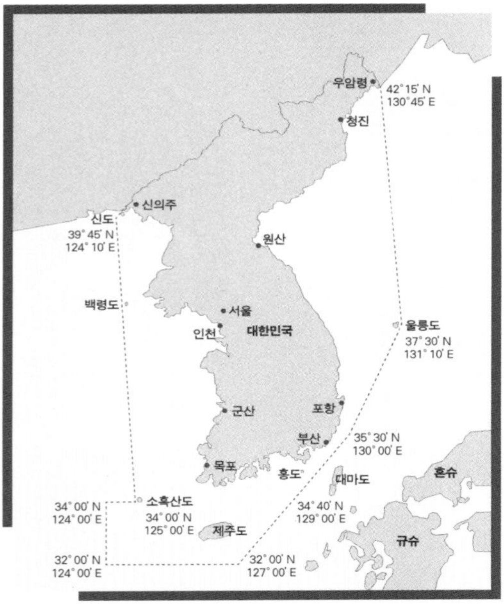

상공부 수산국에서 설정한 어업관할수역(안)

둘째는 과거 일제가 한반도 연안 어족자원 보호를 위하여 설치한 트롤어업금지구역이었다. 일본도 이러한 트롤어업금지구역을 설치한 바 있으므로 이 금지구역에 따라서 어업관할수역을 설정한다면 일본도 할 말이 없을 것이라고 본 것이다.

이에 상공부 수산국은 전쟁 중인 1950년 10월부터 한반도 주변 주요 어장을 포함할 수 있도록 어업관할수역의 획선 작업을 시작하였다. 일제가 만든 트롤어업금지구역선을 기반으로 하여 동해에는 울릉도까지만 포함되었고 독도는 제외되었다.

상공부 수산국이 어업관할수역에 독도를 포함시키지 않은 이유에 대해서 당시 실무를 담당했던 지철근은 독도가 한국의 영토임을 잘 알고 있었지만 실제 주요 어장이 모두 이 수역 안에 포함되어 있었고, 또한 일제가 만든 트롤어업금지구역선을 기준으로 삼아야 일본의 반발을 보다 효과적으로 막을 수 있으며, 독도를 포함해서 어업관할수역을 획정하게 되면 연안으로부터 먼 곳은 약 200해리 정도나 되는데 이 경우 국제적인 비난이 더욱 커질 것을 걱정하였다고 한다.

외무부의 독도 포함

임병직 외무장관은 1949년 6월 7일 대일평화조약 체결 이후에도 맥아더 라인을 유지하는 것이 필요하다고 밝히면서, 그 이유로 어업을 지키기 위해서라는 점뿐만 아니라 역사에 비추어 볼 때 일본이 한국을 침탈하기 전에 늘 일본 어선들이 침범하여왔다는 점도 지적하였다. 외무부는 맥아더 라인의 기능을 어업보호 외에 일본의 재침략으로부터 한국을 방어하는 안보적 측면에서도 보고 있었던 것이다. 일제가 물러간 지 불과 4년이 지난 시점에서 일본의 재침략을 우려하는 것은 당연한 것이었다.

그러나 1951년 2월 덜레스와 일본 수상 요시다의 회담 이후 대일평화조약이 체결될 경우 맥아더 라인이 폐지될 것이라는 관측이 확산되었다. 이에 당시 한국 정부는 맥아더 라인의 유지를 지속적으로 요구하면서도 맥아더 라인의 철폐를 대비하여 일방적인 어업관할수역을 선포하고자 하였다. 또한 여기에는 앞으로 일본과 어업협정을 체결하게 되더라도 한국에게 유리하게 작용할 것이라는 외교적 계산도 있었다.

이에 따라 상공부가 1951년 6월 16일 어업관할수역안을 외무부에 제출하자 당시 김동조가 국장이었던 외무부 정무국은 관련 국제법을 연구한 결과, 어업관할수역이 당시 '영해 3해리', '공해에서의 어업 자유'라는 국제 해양법 질서에 배치되는 측면이 있다는 점을 인식하면서도, 당시는 트루만 선언과 중남미 국가들의 잇따른 공해상 수역 선포 등으로 해양법이 혼란에 빠져 있는 상태이므로 이러한 혼란에 편승해서 반대 논리에 대항할 수 있다고 판단하였다.

지도에 선을 긋는 획선 작업은 대일평화조약 조인식 이전에 마무리 지어 선포한다는 목표 아래 8월 말과 9월 초의 10여 일 동안 해군 및 수산관계 전문가들의 도움을 받아 실시하였다. 이 획선 과정에서 정무국은 앞으로의 영토문제를 고려해서 어업관할수역에 독도를 포함시켰다. 당시 일부 인사들은 순수한 어업관할수역 설정을 위해서라면 독도를 포함시키는 것이 명분에 맞지 않는 일이라고 반대하기도 했지만 외무부 정무국은 독도를 어업관할수역 밖에 두면 대외적으로 자칫 독도가 한국의 영토가 아니라는 그릇된 인식을 줄 수도 있고, 앞으로 한일 간에

야기될지도 모를 독도 분규에 대비해 주권행사의 선례를 남겨 놓는 것이 반드시 필요하다고 보았다.

이러한 관측과 판단은 미래를 정확하게 예측한 것일 뿐만 아니라 국제법적으로도 매우 정확한 것이었다. 영유권을 판단하는 데 있어서 실효적 지배 실적이 매우 중요한데, 해방 직후 한국이 행사한 대표적인 독도에 대한 실효적 지배 실적이 바로 평화선 선언이다. 만약 평화선이 독도를 제외한 채 선언되었다면 일본은 오늘날까지도 이 점을 파고들면서, 해방 직후 한국이 독도에 대하여 주권행사를 한 적이 없다고 주장하거나 대일평화조약이 독도를 일본령으로 보았다는 것을 묵인하였다고 우기고 있었을 것이 분명하다.

그런데 이 당시 외무부 정무국은 어떻게 독도 문제를 이처럼 중요하게 인식하고 있었던 것일까? 사견으로는 정무국이 당시 대일평화조약 업무와 관련하여 독도 문제를 다루고 있었기 때문이라 생각한다.

앞서 소개한 대일평화조약에 한국 정부가 대응한 과정을 되돌아보자. 한국 정부가 미국으로부터 1951년 7월 3일자 초안을 받아본 후 이에 독도와 파랑도를 명기하는 것이 좋겠다고 판단하여 이런 내용의 제2차 답신서를 미국에게 보내고 양유찬 대사가 덜레스 특사를 만난 것이 모두 1951년 7월에 있었던 일이다. 이어서 8월 1일에는 변영태 외무장관이 국내 기자회견을 통해서, 8월 2일에는 양유찬 주미대사가 미국 기자회견 자리에서 한국의 독도 영유권을 주장하였다. 그리고 8월 10일에는 미국무부로부터 러스크 서한이 발송되었다. 즉, 1951년 7~8월은 한국 정부에서 대일평화조약과 관련하여 독도 문제가 최초이자 가장 심각하게 제기되던 시점이었다.

외무부 정무국이 어업관할수역에 독도를 포함시킨 것은 바로 이 8월 말과 9월 초 사이에 있었던 일이다. 국제법을 다루는 정무국은 대일평화조약 업무에도 관여하였음은 물론이다. 당시 외무부의 전체 직원은 30여 명 정도였으므로 정무국 직원 수는 이보다 더 적었을 것이고, 정무국에서는 두 업무를 연관해서 추진하였을 것이다.

경무대에서의 평화선 탄생

대일평화조약 조인식 전에 어업관할수역을 선포하기 위해 변영태 외무부장관은 서둘러 '어업관할수역 선포에 관한 건'을 국무회의에 긴급 상정했고 9월 7일 제98회 임시국무회의에서 안건이 통과되었다. 이 날은 대일평화조약 체결 전날이었다.

그러나 이승만 대통령은 이 안건에 대해서 재가하지 않았다. 그 이유에 대해서는 여러 가지 설이 존재하는데, 대체로 어업관할수역을 설정하게 되면 맥아더 라인을 서둘러 포기하는 인상을 줄 뿐만 아니라, 당시의 국제법을 고려해볼 때 일본뿐만 아니라 미국 등 많은 국가들의 반발을 초래할 것을 우려하였다는 것이다.

그런데 뜻밖에도 불과 4개월 뒤 이승만 대통령은 경무대에서 과거 어업관할수역보다 훨씬 더 강력하고 포괄적인 해양주권선을 선포하였다. 해수에서의 어업을 보호하는 어업관할수역에서 더 나아가 대륙붕과 해수 전체에 대해 주권을 행사하겠다고 선언하고 국가방위의 목적도 있음을 명시하는 등, 훨씬 더 종합적이고 무게 있는 성격으로 변모한 것이다.

이후 평화선은 대통령의 재가를 받고 1952년 1월 18일 마침내 '인접해양의 주권에 관한 대통령 선언'이라는 국무원 고시 제14호로 공포되어 효력을 발생하였다.

지난 4개월 동안 대체 어떠한 상황의 변화가 있었기에 이승만 대통령이 마음을 바꾸어 기존의 어업관할수역안보다 훨씬 더 강력한 평화선을 선포하게 된 것일까? 이 대통령이 직접 그 이유를 밝힌 바가 없기 때문에 추측해볼 수밖에 없다.

이와 관련한 여러 가지 설들을 종합해보면, 당시 이 대통령은 미국이 한국의 요청을 거듭 거절하자 크게 실망하였고, 그 무렵 개시된 한일예비회담에서 일본의 성의 없는 태도에도 분노한 나머지 한국이 스스로 주권을 지키지 않으면 안 되겠다는 절박한 심정에서 엄중한 결단을 했던 것으로 보인다.

이승만 대통령이 평화선을 재추진할 당시 한일 간에 독도 문제는 없었던 것일까? 이를 알아보기 위해서는 당초 어업관할수역안에 대한 재가를 거부했던 1951년 9월 7일과 평화선을 선포한 1952년 1월 18일 사이에 있었던 독도 관련 주요 사건들을 살펴볼 필요가 있다.

1951년 10월 22일, 일본 중의원 평화조약 및 일미안전보장조약특별위원회 제6차 회의석상에서 시마네현 출신인 야마모토 도시나가山本利壽 의원이 당시 일본 정부가 국회의원들에게 배포한 '일본영역참고도'日本領域參考圖에 독도가 한국령으로 표기되어 있는 것을 보고 독도 영유권에 대해서 질문하자, 당시 외무성 정무차관은 "현재 점령하의 행정구획에서 죽도독도는 제외되어 있지만 이번의 평화조약에 있어서는 죽도는 일본에 들어온다고 하는데, 일본 영토라는 것은 분명히 확인된 것 같습니다"라고 답변한 바 있다.

1951년 11월 13일에는 《아사히신문》이 6명의 기자 등과 중앙언론지로서는 최초로 독도를 답사한 이후 "일본에 돌아온 무인의 다케시마"라는 기사를 내보냈다. 이 기사는 즉각 《동아일보》 11월 26일자에 보도되었다. 《동아일보》 도쿄특파원은 11월 24일발 기사에서, 엄연한 우리 대한민국의 영토 독도를 '다케시마'라고 칭하며 맥아더 사령부의 여행 수속도 받지 않고 특파원을 독도에 파견한 일 때문에 《아사히신문》이 당국의 조사를 받는 중이라고 보도하였다. 이미 이 무렵부터 한일 간에는 독도의 영유권을 둘러싼 본격적인 싸움이 시작되고 있었던 것이다.

이러한 사건들이 평화선 탄생에 어떤 영향을 얼마나 미쳤는지를 알 수 있는 길은 없다. 다만 분명한 것은 평화선이 독도를 포함해서 선포됨으로써 그 직후부터 독도 영유권과 관련하여 이 당시 예상했던 것보다 훨씬 큰 파장을 일으켰다는 것이다.

평화선 선언 이후

평화선이 선언되자 주변국들이 일제히 항의하기 시작하였다. 일본은 한국 정부가 평화선을 선언한 지 열흘 만인 1952년 1월 28일 구상서를 보내서 평화선이 국제법상 공해자유의 원칙에 전적으로 배치되며 일본령인 독도를 포함하고 있다고 항의하였다. 이로써 1960년대까지 이어지는 한일 간 독도 영유권 논쟁이 촉발되었다. 이 한일 간 독도 영유권 논쟁은 뒤에서 별도로 설명한다.

미국도 1952년 2월 11일자 각서 제167호를 통하여 한국이 공해와 영공을 자국의 배타적 통제하에 두려는 것이 아니냐는 항의 의사를 전달하였다. 1952년 6월 11일에는 대만이, 1953년 1월 11일에는 영국이 마찬가지로 항의를 하였다.

대일평화조약이 1952년 4월 28일 발효되고 맥아더 라인이 폐지되자 일본 어선들은 한국 근해로 침투하여 어업을 시작하였다. 그 수가 계속 늘어나자 이승만 대통령은 1952년 7월 18일 평화선을 침범하는 외국 어선을 나포하라고 해군에게 지시하였다.

이에 일본은 1952년 9월 20일 평화선 안쪽으로 ABC 라인이라는 일본 경비구역선을 설정하고 이 구역 내에서의 일본 어선 조업을 해상보안청 순시선이 보호하겠다고 발표하였다.

그러나 일본의 ABC 라인은 1주일 후인 1952년 9월 26일 주한 UN군 사령부가 이른바 클라크 라인이라는 해상방위봉쇄선을 설정함으로써 유야무야되었다. 클라크 라인은 북한의 해상을 봉쇄하고 6·25전쟁을 수행하기 위한 군사적인 목적으로 설치되었지만 이 선을 넘는 모든 선박은 UN군 사령부의 허가를 받아야 했으므로 자연 일본 어선의 한반도 연안 출입이 통제되었다.

한국 정부는 평화선을 침범한 외국 선박과 선원을 심판하기 위하여 1952년 10월 4일 대통령 긴급명령 제12호로서 포획심판령을 제정하고 포획심판소와 고등포획심판소를 설치하였다. 또한 평화선 선언을 실체법적으로 뒷받침하기 위하여 1953년 12월 어업자원보호법을 제정하였다.

03

평화선의 국제법적 의미

평화선 선포는 해방 이후 처음으로 이루어진 독도에 대한 가장 명백하고 강력한 국가 주권의 행사라고 할 수 있다. 해방 전 울도군의 관할에 석도독도를 포함시키는 내용의 대한제국 칙령 제41호와 유사하게 입법권과 행정권이 결합된 형태로 행사된 실효적 지배행위였다.

이는 대일평화조약 체결 직후이자 발효 전에 이루어진 것으로서 대일평화조약과 관련해서도 독도가 한국령이라는 것을 전 세계에 선포한 국제법상 단독행위라고 볼 수 있다.

아울러 평화선 선언 직후부터 일본이 10여 년에 걸쳐 격렬하게 항의함으로써 독도 문제가 양국 간에 국제법적으로 분쟁으로 평가될 수 있는 가능성을 여는 계기가 되기도 하였다. 이와 관련하여 평화선 선포 직후를 영토 분쟁에서의 이른바 결정적 시점으로 보는 견해들도 있다. 결정적 시점이란 영토 분쟁에서 어떤 영토가 어느 나라의 영토임을 판단하는 기준이 되는 시점을 말한다. 통상적으로는 분쟁이 촉발된 시점을 결정적 시점으로 본다. 결정적 시점 이후의 사정은 영토 분쟁에서 고려되지 않는다. 이를 허용하면 분쟁이 촉발된 이후에도 서로 자신에게 유리한 상황을 인위적으로 조성하는 쪽이 영토를 차지하는 불합리한 결과가 나오며, 이러한 경쟁 과정에서 위험한 상황이 촉발될 수 있기 때문이다. 그러나 한국 정부의 입장은 독도 문제에 대해서는 분쟁 자체가 존재하지 않는다는 것이므로, 논리적으로 결정적 시점을 언급하지도 않고 있다. 독도 문제에 대해서 분쟁이 있다고 볼 경우에도 과연 이 시점을 결정적 시점이라고 보아야 하는가에 대해서는 여러 가지 의견이 있을 수 있다.

해양법의 관점에서 볼 때 평화선이 선언될 당시에는 이에 대한 국제법적 근거가 존재하였다고 보기는 어렵다. 이 때문에 지금까지 국내에서도 평화선에 대하여 부정적인 평가를 하는 사람들이 있다.

그러나 당시 이미 전통적인 3해리 영해를 중심으로 한 해양법 질서는 흔들리고 있었다. 1945년 미국의 트루먼 선언은 당시 해양법상 근거가 없는 것이었음에도 불구하고, 다른 나라들은 이를 반대하지 않고 오히려 이를 따라서 배타적인 해양 영역을 일방적으로 선포하였다. 오늘날 국제해양법학계에서는 이 당시의 이러한 일련의 상황을 위법한 것이라고 평가하기는커녕 오히려 새로운 국제관습법이 형성되는 전형적인 사례로 들고 있다. 일본이 불법이며 일고의 가치가 없다고 비난한 배타적 어로수역의 개념은 1960년대 이후 일반화되었고, 1982년 UN 해양법협약에 따라 배타적 경제수역이 정식으로 탄생하였다. 이런 의미에서 평화선은 당시 한국 정부가 이러한 국제법의 새로운 흐름을 간파하고 외교와 정치에 활용한 의미 있는 사례였다.

평화선은 법적 효력의 측면에서는 수명이 다했지만 그 영향력은 독도 문제와 결부되어 아직도 살아 있다. 평화선이 당초 주로 어업보호를 위해 기안되었음에도 오늘날에 와서는 독도 문제와 관련하여 언급된다는 점과, 한국보다는 일본에서 그 존재감이 강하다는 점도 흥미로운 대목이다.

미군 폭격연습장 지정과 독도

01 독도폭격사건의 재발

02 독도 폭격연습장 지정과 일본의 의도

03 한국의 대응

04 한국의 미군 폭격연습장 허가

일본 정부는 1952년 7월 26일 일본에 주둔하는 미군에 대한 사항을 결정하는 미일합동위원회를 열어서 독도를 주일미군이 사용하는 폭격연습장으로 지정하였다. 일본은 독도의 영유권 근거를 조작하기 위해서 한국 어민들의 목숨을 담보로 미국의 무력을 이용한 것이다. 이러한 일본의 독도 폭격연습장 지정 과정과 그에 대한 한국 정부의 대응을 살펴본다.

01

독도폭격사건의 재발

1952년 9월 15일 오전 11시 광영호가 해녀 14명과 선원 등 모두 23명을 태우고 소라와 전복을 따고 있을 때, 1대의 단발비행기가 나타나서 4발의 폭탄을 투하하였다. 이 사건은 언론에도 크게 보도되었다. 십수 명의 목숨을 앗아간 1948년의 독도폭격사건으로 인한 상처의 기억 때문이었다.

그로부터 이틀 뒤인 9월 17일에도 독도를 폭격하는 것이 목격되었다. 목격자는 공교롭게도 한국산악회의 독도조사대였다. 이들은 1947년에 이어서 또 다시 독도를 조사하고자 한 것이었다.

조사대는 부산해사국 등대순항선인 205톤 진남호에 타고 이승만 대통령으로부터 특별배급을 받은 석탄을 배에 가득 실은 채 울릉도로 향하였다. 울릉도에서 며칠 머문 조사단은 9월 22일 독도로 진입을 시도했는데, 이때 주일 미 공군의 연녹색 쌍발전투기 네 대가 날아와서 독도를 향해 폭격연습을 실시하였다. 진남호가 멈추면 폭격도 멎고, 독도 쪽으로 전진하면 다시 심하게 폭격하였다.

할 수 없이 조사단은 독도 상륙을 24일로 연기해서 재차 시도하였다. 그러나 이번에도 주일 미 공군기 2~4대가 날아와서 약 10발의 폭탄을 투하하였다. 독도에는 조사대보다 두 시간 앞서 도착한 광영호가 해녀 등 21명을 태우고 있었으니 자칫하였다가는 큰 인명피해가 날 수도 있었던 상황이었다.

이 폭격 때문에 조사단은 독도를 약 1km 앞두고 그대로 되돌아와야 하였다. 조사대는 주일 미 공군의 폭격을 일본 측의 사주에 의한 것으로 추정하였다. 1952년 9월에 있었던 이와 같은 독도폭격사건은 국내 언론에 의해 대대적으로 보도되었다.

왜 이처럼 독도폭격사건이 재발한 것일까? 1948년 당시 독도폭격사건이 발생하여 한국 어민들 십수 명이 사망하였을 때 미군 당국은 진상조사를 실시한 후 독도에 대한 폭격연습을 일체 중지하겠다고 발표한 바 있었다. 이처럼 홍역을 치른 미군이 왜 또 다시 사전에 통보도 없이 독도에서 폭격연습을 하고 있었던 것일까?

02

독도 폭격연습장 지정과 일본의 의도

그 이유는 바로 일본이 독도를 주일미군의 폭격연습장으로 지정했기 때문이었다. 일본 정부는 1952년 7월 26일 일본에 주둔하는 미군에 대한 사항을 결정하는 미일합동위원회를 열어서 독도를 주일미군이 사용하는 폭격연습장으로 지정하였다. 이것은 일본이 인위적으로 독도 영유권의 근거를 만든 것이었다.

8항. 다케시마는 1952년 주일미군의 폭격훈련구역으로 지정되었으며, 일본 영토로 취급되었음은 분명합니다.

1. 일본이 아직 점령하에 있던 1951(쇼와 26)년 7월, 연합국 총사령부는 SCAPIN 제2160호로, 다케시마를 미군의 해상 폭격 연습지구로 지정했습니다.

《다케시마 10포인트》8항

사실 패전 전의 영유권 근거들, 즉 1905년의 편입이나 한국에 대한 강점 중의 실효적 지배는 한국이 항거할 수 없는 동안에 이루어진 것으로, 법적으로 자신 있게 내세우기 곤란한 근거들이었다. 이에 일본은 패전 후 대일평화조약을 통하여 독도가 일본령임을 인정받고자 하였으나 앞서 살펴본 바와 같이 실패하였다.

독도 영유권의 근거가 부족함을 느낀 일본은 대일평화조약 이후 독도 영유권에 대한 추가적인 국제법적 근거를 만들 필요가 있다고 보았고, 그것이 바로 독도를 주일미군의 폭격연습장으로 지정하는 것이었다.

일본 정부의 이런 의도는 이미 폭격연습장 지정 이전에 중의원 회의에서도 드러난 바 있다. 1952년 5월 23일에 열린 제13회 중의원 외무위원회에서 시마네현의 야마모토 도시나가 의원이 "다케시마를 주둔군의 폭격연습지로 지정하는 것에 의해 일본의 영토권을 확보한다는 정치적 함의를 품고 있다고 생각하는데, 그렇습니까?"라고 묻자 이시하라 간이치로石原幹市郎 외무성 정무차관은 "그런 말과 같은 선에서 진행하고 있습니다"라고 대답한 것이다.

1953년 3월 5일 제15회 참의원 외무·법무위원회 연합심사회에서도 시모다 다케조下田武三 외무성 조약국장은 이러한 조치를 취한 것이 "다케시마가 일본이 영유하고 있는 섬이라는 사실을 명확하게 법률적으로 뒷받침하는 근거"를 마련하기 위한 것이라고 시인한 바 있다.

국제법적으로 볼 때 일본은 독도를 주일미군의 폭격연습장으로 지정함으로써 두 가지 효과를 동시에 노린 것으로 보인다.

첫째는 대일평화조약 발효 이후 독도에 대한 실효적 지배의 실적을 쌓는 것이다. 대일평화조약의 발효로 인해 법적으로 독립적인 주권을 행사할 수 있게 된 일본이 독도를 주일미군의 폭격연습장으로 지정한다는 것은 독도가 일본령임을 전제로 할 뿐만 아니라 그 독도에 대하여 일본이 주권을 행사한 셈이 되는 것이다.

둘째는 미국도 독도를 일본령으로 인식하고 취급하였다는 정황증거를 만들고자 한 것이다. 대일평화조약 체결과정에서 미국이 독도를 일본령으로 보았다는 점의 연장선상에서 대일평화조약 발효 후에도 미국이 독도를 계속해서 일본령으로 취급하였다는 정황을 만들고자 한 것이었다.

1948년에도 미 공군이 독도를 폭격하는 바람에 15~16명의 무고한 어민이 사망하는 등 심각한 피해가 발생한 바 있었다. 그런데도 일본은 독도를 빼앗기 위한 근거를 조작하기 위해서 1952년에 독도를 폭격연습장으로 지정한 것이다.

게다가 일본은 과거 어민 폭격사건 등을 통해서 한국 어민들이 독도에서 계속 조업을 하고 있다는 사실을 잘 알면서도 한국 측에는 이를 사전에 통보하거나 폭격 관련 정보를 전혀 제공하지 않고 일본 어부들에게만 출어금지령을 내렸다. 일본은 독도의 영유권 근거를 조작하기 위해서 한국 어민들의 목숨을 담보로 미국의 무력을 이용한 것이다. 일본의 독도 폭격연습장 지정 책략이 얼마나 야만적이고 잔인한 조치였는지 알 수 있다.

더욱이 당시 한국은 북한과 중국을 상대로 전쟁 중이었다. 이런 와중에 일본은 한편으로는 1951년 10월부터 한국과 한일회담을 시도하면서도, 다른 한편으로는 이러한 독도 영유권 조작 시도를 벌인 것이다. 한국 외무부의 《독도문제개론》의 표현을 빌리자면 일본은 "불이 난 집에서 도둑질을 하듯이" 독도를 빼앗기 위한 공작을 펼치고 있었던 것이었다.

03

한국의 대응

한국 외무부는 1952년 11월 10일 주한미대사관에 이런 불상사가 재발하지 않도록 정식으로 항의하였다. 주한미대사관의 라이트너Allan Ligtner 참사관은 UN군 사령관 클라크Mark Wayne Clark 장군에게 이 항의서한을 전달하면서 폭격중단을 요청하였다.

이를 계기로 주한미대사관은 독도 영유권에 대해서 어떤 입장을 취해야 할 것인가를 두고 본국의 국무부와 함께 고민하기 시작하였다. 그리고 이 과정에서 비로소 서울과 도쿄에 있는 미대사관은 러스크 서한의 존재를 알게 되었다.

주한미대사관은 1952년 12월 4일 마침내 한국의 항의서한에 대하여 답변하였다. 그 내용은 독도폭격사건은 이미 오래된 일이어서 조사가 불가능하고, 독도에 대한 폭격은 중단할 예정이며, 독도에 대한 미국의 입장은 1951년 8월 10일의 러스크 서한에 진술되어 있다는 것이었다. 이에 한국 외무부는 주미한국 대사관에게 러스크 서한 사본을 요청하게 된다.

극동군사령부는 1952년 12월 18일자로 독도에 대한 폭격장 사용을 중단하고 이 사실을 1953년 1월경 한국 정부에 알렸다. 이후 1953년 3월 19일 제45차 미일합동위원회에서는 독도를 폭격연습장 명단에서 삭제하도록 결정했고 이를 일본 외무성이 1953년 5월 14일 고시하였다.

여기서 법적으로 의미 있는 부분은 미국이 폭격을 중단한 것은 한국의 요청에 따른 것이었고, 당시 미국은 일본이 아닌 한국 정부에 폭격을 중단하겠다는 통보를 하였다는 점이다. 이것은 독도의 영유권이 한국에게 있다는 것을 전제로 행해진 미국 정부의 공적인 행위였다.

미국이 일본이 아닌 한국에게 이러한 다짐을 통보하자 일본은 당황하였다. 일본의 독도 영유권 근거를 만들기 위해서 그동안 공을 들여 공작을 해왔는데, 뜻밖에도 미국이 한국의 요청을 받고 폭격연습을 중단한 후 이를 일본이 아닌 한국에 공식적으로 통보를 하는 바람에 오히려 이는 한국의 영유권 근거로 사용되게 생겼으니, 다 된 밥에 코가 빠진 격이었다.

일본 정부는 1953년 3월 5일 미대사관을 찾아가서 왜 일본과 상의 없이 폭격연습장 사용을 중단했으며, 게다가 그것을 왜 한국에게 통보했는가에 대해서 거세게 항의하였다. 1953년 11월 중의원 외무위원회에서는 가와카미 간이치川上貫一 중의원이 "이런 사실이 어째서 한국에 먼저 통고되어야 하는 것인가?" 라고 한탄하였다.

한국 정부의 당시 조치는 매우 적절한 것이었다. 만약 한국이 주일미군이 독도를 폭격연습장으로 사용하고 있다는 사실을 알면서도 장기간 묵인하였다면 이는 독도가 일본령이라는 상당한 근거가 되었을 수 있다. 그러나 한국 정부는 지체 없이 미국에 항의를 하였고, 미국으로부터 직접 폭격연습장 사용중단 통보를 받음으로써, 주일미군의 폭격연습장 지정으로 독도 영유권의 근거를 만들고자 했던 일본의 의도를 분쇄한 것이었다.

04

한국의 미군 폭격연습장 허가

독도 폭격연습장 해제와 관련해 문서조사작업을 벌이던 주한미대사관은 흥미로운 사실을 하나 발견하게 된다. 바로 1952년 7월 일본이 독도를 주일미군의 폭격연습장으로 지정하기 1년 전인 1951년 6~7월 한미 간에 독도 폭격연습장 지정을 위한 협의가 있었다는 사실이다.

미8군은 1951년 6월 20일 한국 정부에게 독도를 24시간 훈련용 폭격연습장으로 사용할 수 있도록 허가해달라는 요청을 하였고 한국 정부는 7월 1일 이를 승낙한 것이다.

당시 미8군 부사령관인 존 B. 콜터 중장은 장면 국무총리에게 "공군은 리앙쿠르암 폭격연습장을 24시간 훈련용으로 사용하는 데 대한 허가를 요청했습니다. 공군은 15일 전에 통보해 사람과 선박의 해당지역 출입을 금지할 계획입니다. 상기한 바를 허가하신다면 가능한 한 빨리 통보해주시겠습니까?"라는 내용의 서신을 보냈다.

이에 대해 한국 정부는 7월 7일 "7월 1일 국무총리실에 문의한 결과 공군의 사용요청에 대해 국방장관과 국무총리가 승인했으며, 문제의 지역이 내무부 소관이기에 내무부장관에게 회부되었음이 밝혀졌음(후략)"이라고 답변하였다.

이 서신을 보면 당시 한국 정부는 독도를 내무부 소관으로 관리하고 있었다는 것을 알 수 있다. 게다가 미군은 독도를 폭격연습장으로 사용하도록 해줄 것을 한국 정부에게 공식적으로 요청하였는데, 이는 미국이 독도를 한국의 영토로 보고 있었다는 것을 전제로 한 것이었다.

이 당시 이미 주한미군의 폭격연습장으로 지정되었던 독도를 1년 뒤인 1952년 7월 일본이 독도 영유권의 근거로 삼기 위해서 주일미군의 폭격연습장으로 중복 지정한 것이라고도 볼 수 있다.

1952년 독도를 주일 미 공군의 폭격연습장으로 지정한 사실을 독도 영유권의 중요한 근거로 내세우는 일본이 1951년 미군이 한국에게 독도에 대해 폭격연습장 사용을 요청하고 한국 정부가 이를 허가한 사정을 어떻게 볼 것인지 궁금하다.

위와 같은 일본의 논리에 따르면 1951년의 한국에 의한 독도 폭격연습장 지정은 일본의 폭격연습장 지정보다 더 앞선 한국의 독도 영유권 근거라고 인정할 수밖에 없을 것이다.

특히 1951년 한국의 폭격연습장 사용 허가는 일본이 이의를 제기한 바 없는 '평화로운' 국가권력의 행사로서 유효한 실효적 지배의 실적으로 인정받을 수 있다. 실효적 지배는 통상 평화롭고 지속적인 국가권력의 행사로 정의되기 때문이다.

반면 1952년 일본의 독도 폭격연습장 지정은 한국이 곧 이에 항의하였고 미국 측이 한국의 항의에 따라 폭격을 중단하였으며 이를 한국 정부에 통보하였다는 점에서 '평화성'이 결여된 것이고, 국제법적으로 유효한 실효적 지배에 해당할 수 없다.

분쟁이 발생한 이후의 사정은 영유권 판단에서 고려하지 않는다는 이른바 결정적 시점 법리에 의하더라도 1951년 한국의 폭격연습장 허가와 1952년 일본의 폭격연습장 지정 행위는 법적 의미가 크게 다르다.

한일 간 독도 문제의 분쟁 발생시점을 다수의 견해에 따라 1952년 1월 평화선 선포 직후로 잡는다고 보면, 1951년 한국의 폭격연습장 허가는 영유권 판단의 근거로 고려되지만 1952년 일본의 폭격연습장 지정은 결정적 시점 이후의 행위로서 영유권 판단의 근거로 고려조차 될 수 없다.

이상에서 보듯이 한국에 알리지 않고 독도를 주일미군 폭격연습장으로 지정함으로써 독도 영유권 근거를 인위적으로 조작하고자 했던 일본의 시도는 실패로 돌아갔을 뿐만 아니라 오히려 한국에게 유리한 정황과 근거를 내어주고 말았다.

이처럼 허점이 많음에도 불구하고 일본이 지금까지도 독도 폭격연습장 지정 사실을 독도 영유권의 주요 근거로 내세우고 있는 것은 그만큼 일본이 가진 전반적인 독도 영유권 근거가 빈약하다는 반증이기도 하다.

독도를 둘러싼 물리적 공방

한국과 일본 양국은 1952년부터 평화협정 체결을 위한 회담을 개최하였으나 의견 불일치, 일본의 망언 등으로 회담은 수차례 결렬되었다. 그러나 이러한 와중에도 일본의 독도 영유권 근거 조작은 계속되었다. 주일미군 폭격연습장 지정을 통해서도 제대로 된 독도 영유권의 근거를 확보하는 데 실패하자, 일본은 공무원들을 독도에 직접 상륙시켜 국가권력을 행사함으로써 국제법상 실효적 지배의 실적을 만들고자 한 것이다.

01

일본의 독도 상륙

1953년 4월 15일 제2차 한일회담이 열렸으나 평화선 문제와 재일교포 강제퇴거 문제 등으로 7월 23일에 다시 결렬되었다. 그리고 같은 해 10월 6일 제3차 한일회담이 재개되었으나 일본 측 수석대표 구보타 강이치로久保田貴一郎가 "일본의 한국 식민통치가 한민족에게 은혜를 주었다"는 등의 망언을 하는 바람에 10월 21일 또 다시 결렬되었다. 이후 1957년 말에 제4차 회담이 열릴 때까지 한일회담은 장기간 중단되었다.

이러한 와중에도 일본의 독도 영유권 근거 조작은 계속되었다. 대일평화조약 체결과정에서 독도를 일본령으로 인정받지 못하고, 이어서 주일미군 폭격연습장 지정을 통해서도 제대로 된 독도 영유권의 근거를 확보하는 데 실패하자, 일본은 또 다른 방법을 강구하였다. 그것은 공무원들이 독도에 직접 상륙하여 국가권력을 행사함으로써 국제법상 실효적 지배의 실적을 만드는 것이었다.

1953년 6월 일본 당국은 세 차례 이상 독도에 관하여 회의를 하고 대책요강을 마련하였다. 현재 관련 일본 외교문서에는 먹칠이 되어 있어서 구체적인 내용은 알 수 없지만 그 전후부터 독도에 대한 지속적인 침입이 이루어진 것으로 보아, 이 당시 독도에 직접 상륙해서 실효적 지배 실적을 만들자는 내용이 포함되어 있었을 것으로 추정된다.

한국이 파악한 일본의 첫 독도 침입은 1953년 5월 28일에 있었다. 이날 오전 11시경 일본 시마네현 수산시험장 수산시험선인 63톤급 시마네마루島根丸호가 선원 30명을 태우고 독도 앞바다에 나타나서 그중 6명이 상륙하였다.

당시 독도에는 한국인 어부 30여 명이 10척의 어선에 나누어 타고 어로행위를 하고 있었다. 일본인들은 울릉도 주민인 김준현에게 질문을 해보았지만 언어가 통하지 않자 그에게 일본 잡지 1권과 담배 3갑을 주고는 오후 1시에 물러갔다.

한 달 뒤인 6월 22일 일본 외무성은 주일한국대표부에 독도가 일본령이므로 한국 어민들이 자국의 영토에 침범하지 않도록 조치를 취해달라는 내용의 구상서를 보냈다. 이에 대해서 한국 측은 3일 뒤인 6월 26일 독도는 한국령이므로 한국 어민들의 어로행위에 대해서 일본이 항의할 근거가 없다고 반박하였다.

1953년 6월 25일 오후 4시 반 일본 수산시험장 소속으로 보이는 목조선이 미국기를 게양한 채 독도에 접근해서 그중 9명의 선원이 독도에 상륙하였다. 이들은 6명의 한국인들에게 왜 독도에 있는지를 묻고 한국 어부와 독도조난어민위령비를 촬영한 후 오후 7시에 떠났다.

1953년 6월 27일에는 일본 함정 2척이 미국기를 게양하고 접근하였다. 일본 시마네현청, 국립경찰시마네현본부, 법무성 입국관리국 관리 30여 명이 권총과 사진기 등을 휴대하고 독도에 침입하였다. 이들은 사전에 제작한 표주標柱 2개와 게시판 2개를 독도에 설치하였다.

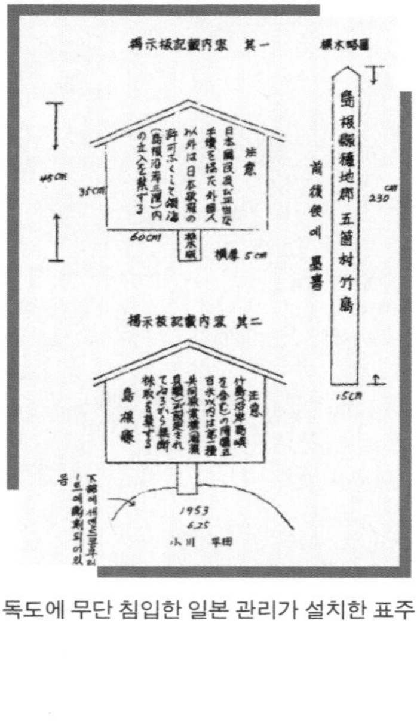

독도에 무단 침입한 일본 관리가 설치한 표주

표주 2개에는 앞뒤에 검은 글씨로 "日本 島根縣隱地郡 五箇村 竹島"일본 시마네현 오치군 고카무라 다케시마라고 표기되어 있었다. 소나무로 만든 마름모꼴의 게시판 2개의 앞면에는, "주의. 일본국민 및 정당한 수속을 거친 외국인 이외는 일본 정부의 허가 없이 영해도서연안 3리 내에 들어감을 금함"이라는 글이, 뒷면에는 "주의. 다케시마연안도서를 포함의 주위 5백 미터 이내는 제1종 공동어업권海藻 貝類이 설정되어 있으므로 무단 채포採捕를 금함. 시마네현"이라는 글이 기재되어 있었다.

이들은 이 2개의 표주와 게시판을 독도조난어민위령비를 중심으로 동서남북의 네 방향으로 포위하듯 설치하였다. 이때 1947년에 조선산악회가 설치한 한국령 표목을 제거하고 독도조난어민위령비도 파괴된 것으로 보인다. 이들은 한국인 어부들에게 "본섬은 일본의 영토이니 차후에는 본도에 침범작업을 하면 일본 경찰에게 인치당한다"고 위협하기도 하였다.

일본 정부가 이러한 조치들을 취한 이유는 평화적, 지속적인 국가권력의 행사라는 실효적 지배의 실적을 만들기 위해서였다. 시마네현 소속 경찰이나 시마네현청의 관헌뿐만 아니라 국립경찰이나 법무성 관리 등 중앙관리들까지 굳이 독도 침입에 참가시킨 것도 우연이 아니라, 지방자치단체의 행위는 '국가권력의 행사'로 보기에 부족하다는 국제법 학자들의 일부 의견을 고려하여 중앙정부 차원의 행위로 만들기 위해서였던 것으로 보인다.

일본이 설치한 표주에 사용된 '정당한 수속을 거친 외국인', '일본 정부의 허가', '영해', '공동어업권', '무단 채포를 금함' 등의 용어는 국가권력과 직결되는 대표적인 용어들로서 이런 용어들을 그 짧은 문구에 집중적으로 포함시킨 것은 '국가권력의 행사'라는 실효적 지배의 요건을 의식했기 때문으로 보인다.

당시 일본이 거듭해서 미국기를 게양한 채 독도로 들어온 것도 주목할 만하다. 이는 평화선 선포 이후 한국으로부터 저지당하는 것을 피하기 위해서였던 것으로 보인다. 실효적 지배로 인정받기 위해서는 '평화롭고 지속적인 국가권력의 행사'가 있어야 하는데 한국의 저지를 받게 되면 '평화성'의 요건이 충족되지 않기 때문이다.

이 밖에도 일본 국회 보고에 따르면 일본해상보안청은 6월 26일, 7월 1일, 2일, 6일, 9일에 걸쳐서 연달아 독도에 순시선을 파견하였다. 당시 한국 어민들은 모두 독도를 떠난 상태였기 때문에 한국 측은 이 사실을 알지 못하였다.

02

한국의 대응

일본의 거듭된 독도 침입으로 한국 여론은 격앙되었다. 해방된 지 불과 8년밖에 지나지 않은 상황인데다가 6·25 전쟁으로 온 나라가 큰 고통을 겪고 있는 마당에 일본이 독도를 침범하니 격분하지 않을 수 없었다. 당시 《동아일보》는 일본의 행위를 놓고 "화재 터의 좀도적"같다고 표현할 정도였다.

이에 1953년 7월 6일부터 국회 외무위원회에서 독도 문제가 다루어졌다. 국회는 7월 8일 '독도침해사건에 관한 대정부건의안'을 채택하였다. 그 내용은 정부가 대한민국의 주권과 평화선의 침해를 방지하기 위한 적극적인 조치를 취하고 독도에 대하여 유사한 불법침해가 재발되지 않도록 일본 정부에 엄중 항의할 것을 건의하는 것이었다. 7월 10일에는 경상북도 의회도 대통령에게 독도 수호를 위

공기총
「獨島侵占」
저는 火災터의 좀
도적이외다…
—日本首相
(草場취略子)

《동아일보》 1953년 7월 4일 기사

한 적극적인 조치를 건의하였다.

그러자 정부는 7월 8일 외무부, 국방부, 법제처, 내무부, 해군 등 관계자들로 구성된 '독도 문제에 관한 관계관 연석회의'를 소집하여 독도에 등대를 설치하고, 해군 함정을 파견하며, 해군수로부의 측량표를 설치하고, 독도에 관한 역사적·지리학적 조사를 하는 등의 종합대책을 마련하였다.

이에 따라 국방부는 7월 8일 일본인의 독도 상륙 및 일본령 표목 건립사건과 관련한 현지조사를 실시하기 위해서 해군 군함 1척을 독도 근해에 파견해 1주일 동안 초계활동을 벌이도록 하였다. 해군 함정의 독도 파견은 외신을 통해 보도되기도 하였다. 이미 경상북도 경찰은 7월 1일 일본이 독도에 설치한 2개의 표목과 2개의 게시판을 철거한 상태였다. 외무부, 교통부, 내무부, 국방부 등은 독도에 등대와 측량표를 설치하기 시작하였다. 이러한 한국 정부의 일련의 조치들은 국제법적으로 실효적 지배에 해당되는 것들이었다.

1953년 7월 11일 울릉도경찰서는 김진성 경위, 최헌식 경사, 최용득 순경 등 3명을 독도에 한시적으로 파견하였다. 한국 외교문서에 이들은 '순라반'巡邏班, 순찰반이라는 의미으로 칭해지고 있다. 이들에게는 경기관총 2문이 주어졌다.

이들이 독도에 도착한 바로 다음날인 7월 12일, 마침 일본 순시선이 침입을 시도하였다. 새벽 5시경 순시선이 독도에 도착하자 최헌식 경사는 배를 검문하고는 일본 순시선 책임자에게 독도가 한국령이라고 하면서 울릉경찰서까지 동행할 것을 요구하였다. 그러자 일본 책임자는 "한일회담에서 독도에 대한 결정이 있기 전까지 어느 쪽에 속한다고 할 수 없다"고 하면서 동행을 거부하였다. 결국 일본 선박은 도주했고 한국 경찰은 경기관총으로 위협 발포를 하였다. 이 사건은 일본《요미우리신문》에도 보도되었다.

이후에도 일본은 8월 3일, 8월 7일, 8월 11일, 8월 23일, 8월 31일, 9월 17일, 9월 23일, 10월 6일, 10월 21일 독도에 불법 상륙하거나 독도 해역에 침입하였다.

이 중에서 표주와 관련한 일지만 추려보자면, 8월 7일 일본 측이 다시 불법 상륙해서 일본령 표주를 재건하였다. 그러자 울릉경찰서가 9월 17~18일 사이에 이를 철거하였다. 일본 관리들은 10월 6일 또 다시 표주를 설치하였다.

1953년 10월 15일 홍종인을 단장으로 한 38명의 조사대가 독도를 방문하였다. 이들은 1952년에 설치하려다가 주일미군의 독도 폭격으로 인해 설치하지 못했던 표석을 세웠다. 이 표석에는 원래 설치예정일인 1952년 8월 15일이 새겨져 있었기 때문에, 옆면에 설치 당일인 1953년 10월 15일을 덧붙여 새겼다.

1953년 10월 15일 울릉도 · 독도 학술조사단이 독도를 방문하여 일본이 박아놓은 말뚝을 제거하고 새로 표석을 설치하였다.

일본은 10월 21일 이 표석을 또 다시 철거하고, 10월 23일 4번째 일본령 표주를 설치하였다. 이를 마지막으로 일본의 독도 침범은 중단되었다. 계절풍의 영향으로 풍랑이 거세어져서 한국 측이나 일본 측 모두 독도에 상륙하는 것이 어려워졌기 때문이다. 같은 이유로 일본의 이 표주는 이듬해인 1954년 5월경에야 철거되었다. 독도에서 이렇게 빈번하게 양국의 표주가 변경된 것은 당시 일본의 독도 침략과 한국의 방어가 얼마나 격렬했는지를 단적으로 보여준다.

03

한국 경찰의 독도 상주

1954년 봄이 되자 일본의 독도 불법 침범은 재개되었다. 3월 23일, 5월 3일, 5월 23일, 5월 24일, 5월 29일, 6월 15일, 6월 28일 등에 일본 선박들이 독도에 상륙하거나 독도 해역을 침범하였다.

1954년 6~7월에 이르러 독도 문제를 둘러싼 한일의 대응 수준은 한층 더 고조되어 새로운 국면에 접어들었다. 한국 내무부가 6월 일본의 침략으로부터 독도를 지키기 위해 독도경비대를 파견했기 때문이었다.

이에 대해 일본 외무차관은 이는 '시위운동·실력행사·침략'이라며 강하게 반발하였다. 이어서 그는 6월 22일 자국의 기자회견에서 "한국의 독도경비대 파견은 침략과 같은 것으로 국민의 격분한 기분을 잘 알고 있다. 그러나 우리 측이 무력으로 이 문제를 해결하는 것은 헌법 제9조 위반이기 때문에 어디까지나 모든 수단을 강구하여 외교적 해결을 하려고 한다"고 밝혔다. 여기서 언급된 헌법 제9조는 일본의 교전권을 부인한 이른바 평화헌법이라고 불리는 것이다.

그러면서도 일본은 바로 다음 달인 7월 자위대법을 제정하여 육상·해상·항공자위대를 출범시켰다. 이 때문에 일본이 독도를 침범하면서 소동을 일으킨 것이 재무장을 하기 위한 구실이라는 관측이 제기되었다. 이 당시 독도에서의 한일의 물리적 충돌은 한국 경찰과 해군의 강력한 대응을 초래했으며, 일본 언론과 보안청은 이를 일본 재무장의 구실로 활용하였다. 독도에서 한일 충돌이 격화되기 시작한 직후인 1953년 9월에 이미 일본 보안청은 육상부대 21만 명, 함대 14만 5천 톤, 항공기 1,400대를 양성한다는 방위4개년계획을 수립해놓은 상태였다.

한국 정부는 이에 아랑곳하지 않고 8월 독도에 높이 약 6미터 되는 철골조립 등대를 설치하고 이를 미국, 영국, 프랑스, 필리핀, 로마교황청 등에 통보하였다. 로마교황청은 축하인사를 회신하였으며, 이 항로 표식은 미국 수로지에도 등재되었다. 한국은 9월 등대 설치 사실을 일본에도 통보하였는데 일본은 이를 승인할 수 없다는 항의서를 보냈다. 한국은 8월 경비용 초소와 무선통신시설도 설치하였다. 9월에는 독도 우표를 발행하였고, 한국의 독도 영유권 주장을 종합적으로 기술한 1954년 9월 25일자 각서를 일본에 보냈다. 한국 정부는 독도수호를 위한 하드웨어와 소프트웨어를 종합적으로 탑재한 것이다.

이런 상황에서도 일본은 8월 23일 순시선을 또 다시 독도에 침투시켰다. 한국 경비대가 정지신호를 하였지만 일본 순시선은 계속해서 독도에 접근했고 한국 관리들은 독도 수호를 위해 위협발포를 하였다. 이에 일본 순시선도 발포를 하면서 도주하였다. 이 총격전은 주한외교사절을 통해 급속히 퍼져나갔다.

이러한 총격전 직후인 8월 31일 한국 정부는 국무회의에서 "무슨 일이 있어도 일본의 침략으로부터 독도를 지키기 위해" 독도에 "수백 명의 경관"을 상주하기로 결의하였다.

독도에 경찰을 상주시킨 것은 독도 문제에 있어서 전략적으로나 법률적으로나 한국의 우위를 굳혀버린 획기적인 조치였다. 반대로 당시 이러한 조치를 일본이 먼저 취했고 지금까지도 일본이 독도에 경찰을 주둔시키고 있다고 생각해보면 이 당시 조치로 한국이 독도 문제에 있어서 얼마나 우월한 지위를 점하게 되었는지 쉽게 이해할 수 있다.

먼저 한국이 독도에 경찰을 상시 주둔시키는 바람에 일본은 더 이상 독도에 상륙할 수 없게 되었다. 독도에 관헌을 잠입시키고 표주를 설치하는 등의 방식으로라도 실효적 지배의 실적을 쌓고자 했던 일본의 책략은 완전히 봉쇄되어버린 것이다.

법률적으로도 독도에 경찰을 주둔시킴으로써 한국은 초 단위로 독도에 대한 실효적 지배 실적을 쌓을 수 있게 되었다. 반면 일본으로서는 이에 대해 지속적으로 이의를 제기하고 항의를 하지 않으면 설사 과거에 독도가 일본령이었다고 하더라도 한국에게 빼앗길 수 있는 불안정한 지위에 놓이게 되었다. 이 때문에 일본은 이 직후부터 오늘날까지 수십 년 동안 한국 정부를 상대로 독도가 일본령이며 한국이 독도를 불법점거하고 있다는 주장을 반복하고 있는 것이다.

독도를 둘러싼 외교적 공방

한국 경찰이 상시적으로 주둔함으로써 독도에 잠입할 수 없게 된 일본은 이후 한국에 독도 문제의 ICJ행 및 UN 안보리 회부를 제안한다. 더 이상 국제법적으로 유효한 실효적 지배 실적을 만들 방법도 찾기 어렵고, 평화헌법 때문에 무력을 사용해서 빼앗을 수도 없으니, 재판 외에는 달리 생각해볼 수단이 없었던 것이다.

01

일본의 ICJ행 및 UN 안보리 회부 제안

일본의 ICJ행 제안

일본 정부는 1954년 9월 25일 주일한국대표부 김용식 공사에게 독도 문제의 ICJ 제소를 제안하였다. 한국 경찰이 상시적으로 주둔함으로써 독도에 잠입할 수 없게 되자 더 이상 국제법적으로 유효한 실효적 지배 실적을 만들 방법도 찾기 어렵고, 평화헌법 때문에 무력을 사용해서 빼앗을 수도 없으니, 재판 외에는 달리 생각해볼 수단이 없었던 것이다.

사견으로는, 이에 더하여 한국이 독도를 점유하는 상황이 지속되면 향후 실효적 지배 실적 비교라는 관점에서나 영토를 점유하는 국가의 법적 안정성을 무시할 수 없다는 측면에서나 한국이 점차 유리해지기 때문에 일본은 이 시점에서 재판으로 결판을 내는 편이 낫다는 고려도 했을 것으로 추측된다.

주일한국대표부는 9월 27일 일본의 ICJ행 제안을 거부하는 각서를 일본 외무성에 전달하였다. 한국 외무부는 9월 28일 "독도는 역사적으로 한국령이며 국제법정에 제소한다는 일본 측 제안은 완전 비상식이다. 헤이그 국제법정은 이 문제와는 아무 관계도 없다"고 하면서 "만일 어떤 나라가 가고시마鹿兒島를 그의 영토라고 하여 ICJ에 제소하면 일본은 이에 응할 것인가? 수백 년 전부터 독도는 한국의 영토이다. 독도가 한국에 귀속되어 있는 점은 역사가 증명하는 바이며 점유 이후 금일까지 우리 어민이 이를 계속하여 이용하고 있다"고도 설명하였다.

국내 재판의 경우에는 원고가 소송을 제기하면 피고는 반드시 이에 응해야 하지만, 국제 재판의 경우에는 당사국들이 재판을 받는 데 응하지 않으면 재판 관할권이 성립하지 않는다. 주권평등의 원칙 때문에 국가는 원칙적으로 스스로가 동의하지 않은 일에 구속당하지 않는다.

이후 일본은 한일회담 중인 1962년에도 ICJ행을 제안했고, 최근인 2012년 8월 21일에도 같은 제안을 하였다. 그러나 한국 정부는 이를 일관되게 거부하였다.

한국이 ICJ행에 응하지 말아야 하는 이유

독도를 점유하고 있는 한국의 입장에서는 ICJ에서 재판을 받을 이유가 없다. 재판이라는 것은 기본적으로 자신의 것을 타인이 가지고 있을 때에 하는 것인데, 한국은 이미 독도를 가지고 있기 때문이다. 한국의 입장에서는 이겨야 본전이고, 일본의 입장에서는 져도 본전인 소송을 한국이 할 이유가 없는 것이다.

또한 재판을 받는 행위 자체가 달가운 일이 아니다. 국가라는 최고의 주권적 존재가 몇몇 외국인 재판관들의 권위에 복종해야 하고, 한 국가의 주권의 핵심인 영토의 운명을 그들의 손에 맡긴다는 것 자체가 기분 좋은 일일 수 없다.

재판에서 언제나 정의로운 결론이 도출된다는 법도 없다. 재판은 스포츠 게임과 같은 성격이 있기 때문에 소송 수행자의 능력이나 불의의 변수에 따라서 진실과 다른 결과가 도출되기도 한다. 따라서 승률이 아무리 높다고 하더라도 100퍼센트 승소라는 것은 보장할 수 없고, 그렇다면 균이 미미하더라도 패소의 위험을 부담할 필요가 없다. 국제재판은 항소심도 존재하지 않으므로 오류가 생긴 경우 시정할 수도 없다.

이런 이유들 때문에 세계적으로도 영토 분쟁 대상지역을 점유하고 있는 국가들이 특별한 사정 없이 소송에 응하는 경우는 거의 없다.

개인적으로는 국제법 자체의 한계도 어느 정도 의식하지 않을 수 없다. 서구 열강 중심으로 발전되어온 국제법은 여전히 제국주의 시대의 다른 나라에 대한 침탈이나 식민지 지배를 합법이라고 정당화하는 경향이 있다. 이러한 경향이 독도 문제의 본질인 일본 한반도 침탈의 불법성까지 희석시킬 가능성도 없지 않다. 아울러 국제법 자체의 역사가 짧을 뿐만 아니라 영유권에 관한 법리의 역사는 그보다 훨씬 더 짧다. 앞서도 설명하였다시피 전통적인 영토 취득에 관한 5가지 권원론은 제국주의 열강들의 입장에서 식민지의 귀속을 따지기 위한 법리로 태동하였고, 이후 대두한 실효적 지배론도 근대 서구 주권국가의 권력행사 방식을 전제로 한 것이다. 따라서 사견으로는 이러한 영유권 법리가 과연 서구가 아닌 아시아 국가의 수천 년 전의 영유권 문제를 정확하고 정당하게 평가해낼 수 있는가 하는 의구심도 든다.

물론 이 책에서 설명하는 바와 같이 현대 국제법상의 영유권에 관한 법리에 의하더라도 일본의 주장은 성립할 수 없지만, 개인적으로는 위와 같은 국제법의 한계가 일본을 부당하게 유리한 출발선으로 데려다주는 것은 아닌지 하는 우려가 든다.

더욱이 일본은 ICJ에 많은 영향력을 미치고 있다. 일본은 ICJ에 가장 많은 기부금을 내고 있으며, 지난 50년 동안 꾸준히 자국 출신의 재판관을 두고 있다. 반면 한국은 ICJ 재판관을 배출하지 못하였다. 이런 재판소에서 재판을 하자고 하는 것은 그 자체로 중립적이지도, 정의롭지도 않다.

그럼에도 일본이 ICJ행을 주장하는 것은 ICJ에서 낮은 가능성이나마 자신들이 승소하는 방법 외에는 독도 점유권을 빼앗을 수 있는 방법이 없기 때문이다. 역으로 한국의 입장에서는

ICJ 재판에 응하지 않는 이상 독도를 빼앗길 수가 없다.

일본의 UN 안보리 회부 제안

1954년에 한국이 ICJ 제소를 거절하자 일본은 미국에게 UN 안전보장이사회에 독도 문제를 상정해달라고 요청하였다. 이는 과거 UN 안전보장이사회가 이른바 콜퓨 사건의 ICJ행을 권고한 적이 있었기 때문으로 보인다. 1946년 영국 군함이 알바니아 콜퓨 해협에서 기뢰 폭발로 침몰한 적이 있는데, 이 사건에 대한 UN 안전보장이사회의 권고에 따라 두 나라는 ICJ 재판을 하게 되었다. 일본은 이 사건을 고려하여 UN 안전보장이사회가 ICJ행을 권고할 것으로 보고 독도 문제를 UN 안전보장이사회에 상정하려 했던 것이다. 그러나 미국은 세계평화에 영향을 미칠 정도의 중대한 분쟁이 될 수 없는 작은 문제를 한국 정부가 반대하는 상황 속에서 UN 안전보장이사회에 상정하는 것은 곤란하다며, 이를 거절하였다.

UN 헌장 제33조에 따르면 ① 분쟁이 존재하고, ② 그것이 국제평화를 위태롭게 할 우려가 있는 경우에 UN 회원국은 재판 등으로 그 분쟁을 해결해야 하는 의무를 지닌다. 일본이 오늘날에도 독도 문제를 국제분쟁화, 즉 한국을 자극하여 충돌 국면을 조성함으로써 분쟁을 만들고, 그것을 국제 언론에 부각시켜 마치 국제평화가 위태롭게 보이도록 노력하는 것은 모두 이

두 가지 요건을 충족시키기 위한, 법적 분석에 기반한 전략인 것이다.

한편 이후에도 일본은 1954년 10월 2일, 11월 21일 등에 지속적으로 순시선을 타고 독도로 접근해서 물리적인 위협을 가하였다. 이에 한국 경찰은 총, 포, 박격포, 기관총 등을 발사하여 이를 강력하게 물리쳤다. 또한 한국 경찰은 나무를 놓고 천막을 둘둘 말아서 대포로 보이게 만든 것을 설치하기도 했는데, 일본은 이를 육군의 포로 오인하기도 하였다. 일본 정부는 한국 정부에 항의를 했으나 한국 정부는 일본이 독도를 침략한 것이라고 맞섰다. 일본 외상은 분쟁을 UN에 제소할 것을 고려하고 있다고 밝히기도 하였다. 그러나 일본은 이 이후부터는 더 이상 독도 상륙이나 인접수역 접근을 시도하지 못하였다.

02

한일 정부 간 왕복문서 공방

한일 간의 지상 논쟁

한국 정부가 평화선을 선언한 지 열흘 만인 1952년 1월 28일, 일본은 구상서를 통하여 평화선이 국제법상 공해 자유의 원칙에 전적으로 배치되며 일본령인 독도를 포함하고 있다고 항의하였다. 아울러 일본은 독도가 일본령임에 의문의 여지가 없고 한국이 이전에 권리를 주장한 바를 알지 못한다고 주장하였다.

이에 한국 측은 1952년 2월 12일 수십 세기 동안 한국의 영토였던 독도에 대한 일본의 점유권 주장에 일일이 논박하고 싶지 않으며, 단지 독도를 일본령에서 제외한 스카핀 제677조와 맥아더 라인을 상기시키고 싶다고 하였다.

이에 대해서 일본은 1952년 4월 25일 또 다시 반박을 하였다. 스카핀과 맥아더 라인의 각 제6항에서 이것이 연합국의 최종적인 결정이 아니라고 규정하였으며, 일본 정부가 조사한 결과 독도가 수십 세기 동안 한국령이라는 주장은 근거가 없다는 것이다.

이처럼 짧게 이루어지던 양국의 공방은 점차 그 내용이 방대해졌고, 양국은 장시간에 걸친 연구를 통하여 각기 독도 영유권이 자국에게 있음을 장문의 각서로 주장하게 되었다.

일본 외무성의 장문의 각서는 모두 네 건으로, 1953년 7월 13일자, 1954년 2월 10일자, 1956년 9월 20일자, 1962년 7월 13일자 각서가 이에 해당한다. 한국 외무부의 장문의 각서는 세 건으로, 1953년 9월 9일자, 1954년 9월 25일자, 1959년 1월 7일자 각서가 이에 해당한다.

이때 주장된 내용들은 오늘날까지도 양국의 독도 영유권 주장의 기본을 이루고 있다. 이 당시 오간 내용을 모두 소개하기 위해서는 역사적으로나 국제법적으로 방대한 설명을 필요로 하며, 이 지상 논쟁은 뒤로 갈수록 기존 주장에 대한 반박과 재반박이 거듭되어 쟁점이 중복되면서 지엽적인 내용으로 흐르는 경향이 있다. 때문에 이하에서는 중복되는 부분은 생략하고 중요한 주장들만 추려서 극히 간략하게 소개하고자 한다.

- 일본의 1953년 7월 13일자 각서

- 과거 울릉도쟁계鬱陵島爭界 당시에 문제가 되었던 섬은 울릉도였을 뿐 독도가 아니었으며, 고대의 기록이나 지도를 볼 때 독도는 일본령이었다.
- 국제법상 영유권을 인정받기 위해서는 영유 의사와 실효적 지배가 있어야 한다. 일본은 1905년 독도를 편입한 이후 제2차 세계대전이 끝날 때까지 독도를 실효적으로 지배하였고, 독도 영유권에 대하여 다른 나라로부터 이의를 제기 받은 바 없다.
- 스카핀 677호나 이른바 맥아더 라인은 연합국이 일본 영토를 최종적으로 확정하는 것이 아니다.
- 대일평화조약 제2조는 한일합방의 시점에 한국에게 속해 있던 영토를 일본이 반환한다는 것이지 한일합방 전부터 일본의 영토였던 독도까지 반환한다는 의미는 아니고, 대일평화조약의 주요 서명국인 미국도 이를 당연하게 받아들여왔다.
- 이를 전제로 1952년 7월 26일에는 독도가 주일미군 폭격연습장으로 지정되었다.

- 한국의 1953년 9월 9일자 각서

- 독도는 고대에 우산도于山島, 삼봉도三峯島로 불리던 섬으로 《세종실록》世宗實錄, 《동국여지승람》東國輿地勝覽, 《숙종실록》肅宗

實錄 등에서 그 근거를 찾을 수 있다.

- 1906년에는 울릉도 군수인 심흥택이 1905년 일본의 독도 편입을 보고하는 등 1910년 일본의 한국 강제병합 직전까지 한국이 독도를 관리하였다.
- 독도는 지리적으로 오키섬보다 울릉도에 가깝다.
- 1904년 이미 〈한일의정서〉와 〈한일협약〉이 체결되어 한국은 일본 고문의 의견에 따라야만 했고, 일본은 한국 영토를 마음대로 점령할 수 있었다.
- 일본은 1905년 국제법상 무주지 선점을 근거로 독도를 편입하였으나 독도는 무주지가 아니라 한국의 영토였다. 편입 고시도 도적질하듯이 몰래 하였다.
- 대일평화조약이 스카핀 제677호의 내용을 변경하지 않았으므로, 이는 연합군 최고사령관의 처분을 확인한 것이다.
- 독도가 주일미군의 폭격연습장으로 지정된 데 대하여 한국이 항의하자 미군이 한국 정부에게 독도가 폭격연습장에서 제외되었다는 사실을 통지하였다.

- 일본의 1954년 2월 10일자 각서

- 한국의 고대 문서에서 우산도는 오늘날의 울릉도를 가리키는 것이고, 독도는 울릉도의 속도가 아니다.
- 《숙종실록》의 안용복 이야기는 허구이다.

- 한국이 독도 영유권의 근거로 든 나카이 요자부로에 관한 기록, 히바타 세이코의 논설, 《조선수로지》 등 일본 문헌들은 편집자가 오해한 것이다.
- 스카핀과 대일평화조약은 무관하다.
- 1904년 한일의정서와 한일협약에 따라 임명된 고문은 일본인이 아니라 미국인 '스티븐스'였다. 한일의정서상 일본이 한국 영토를 사용할 수 있다는 조항은 러일전쟁과 관련하여 잠시 적용되는 것이므로 독도와는 무관하다.
- 개국 이전의 일본에는 국제법이 적용될 수 없으므로, 일본이 어떤 영토를 자신의 영토라고 생각하고 그렇게 취급하면 영유권을 가졌다고 볼 수 있는데, 《은주시청합기》 등 일본의 고문헌이나 지도를 보면 일본인들이 고대부터 독도를 이용하였음을 알 수 있으므로 일본은 고대부터 독도에 대한 영유권을 가진다.
- 일본이 1905년 독도를 편입하고 이를 고시한 것은 당시 일본의 선점 관행에 따른 것으로 일본이 선점한 다른 섬들의 경우와 마찬가지 방식으로 고시된 것이지, 비밀리에 고시된 것이 아니다.
- 이후 일본은 1905년 독도를 정부 소유로 토지대장에 기재하였고 1941년까지 독도에서의 강치어업을 허가하는 등 실효적 지배를 하였다.

- 한국의 1954년 9월 25일자 각서

– 우산도는 독도이며, 안용복 이야기는 허구가 아니다.
– 일본이 자신에게 불리한 자료들을 모두 편찬자의 오해라고 주장하는 것은 양해하기 곤란하다.
– 스티븐스는 미국인이기는 하지만 실제로 일본의 앞잡이였다.
– 한일의정서에 '잠시'라는 용어가 있으나 사실상 영구적인 침략이었다.
– 일본이 주장하는 고대 사실들은 독도를 지배한 것이라 볼 수 없다. 17세기 오야大谷甚吉와 무라가와村川市兵衛 가문이 발급받은 도해면허는 일종의 외국무역 허가증이다.
– 1905년 독도 편입은 불법이었다.

- 일본의 1956년 9월 20일자 각서

– 영유권을 결정하는 기본적인 요소들은 두 국가 중 어느 국가가 먼저 독도를 인지했는가, 자국 영토의 일부로 간주했는가, 관리를 했는가, 근대국제법상 영토취득의 요건을 갖추었는가이다.
– 한국은 고대에 독도를 제대로 인지하지 못했다. 한국의 역사 기록상의 우산도는 울릉도를 가리킨다. 반면 일본에는 독도가 1004년부터 '우르마 섬'이라는 이름으로 알려졌다. 일본인들은 1379년부터 독도를 방문했고, 1618년 이래 일본의 오야와

무라카와 두 가문이 면허를 얻어 울릉도를 이용하였다.

- 한국은 독도를 인식하지 못하였으므로 당연히 독도를 한국 영토의 일부라고 생각할 수 없었다. 반면 일본은 오야나 무라카와 가문에 울릉도를 배타적으로 사용하는 권한을 부여하였으므로 울릉도로 가는 길목에 있던 독도를 일본 영토의 일부로 인지하였다는 것은 말할 필요도 없다.
- 한국은 고대에 독도를 인지하지 못했으므로 당연히 독도를 관리했다는 증거도 있을 수 없다. 조선은 공도정책 이후 울릉도에 정기적으로 관리를 파견했으나, 이는 공도정책을 집행하기 위한 것일 뿐이었다. 반면 일본은 울릉도 어업에 대한 도해면허를 발급하는 등으로 관리해왔고, 울릉도쟁계 이후에는 독도를 제외한 울릉도에 대하여만 도해금지를 명하였다.
- 1905년 편입에 대해서도 무효 사유가 없고 편입 이후로 일본이 행정적 지배를 해왔으며, 국제법상 영유권 취득의 요건을 갖추었다.

- 한국의 1959년 1월 7일자 각서

- 한국은 고대로 울릉도와 독도를 구분해서 인식했다.
- 《은주시청합기》에도 일본의 한계는 오키섬으로 되어 있다.
- 일본의 무주지 선점과 고유영토설은 모순이다.
- 1905년 편입은 비밀리에 이루어진 것이고 이해관계국인 한

국에 통고도 되지 않았으므로, 국제법적으로 무효이다.
- 카이로 선언, 포츠담 선언, 스카핀 제677호, 대일평화조약에 이르는 일련의 국제문서의 취지에 따르면 독도는 한국령으로 인정되었다.

- 일본의 1962년 7월 13일자 각서
- 국제법상 가장 결정적인 영유권 판단 기준은 실효적 지배이다.
- 일본은 독도에 대한 정확한 지식과 인식을 바탕으로 고대부터 실효적 지배를 해왔고, 이런 배경에서 일본이 1905년 독도를 편입한 것이다. 그러나 한국은 그렇지 못하다.
- 안용복의 진술은 믿을 수 없다.
- 과거 일본의 울릉도, 독도에 대한 명칭 혼동은 일본의 독도 영유권 주장에 아무런 영향이 없다.
- 1905년 편입은 비밀리에 이루어진 것이 아니라 공개적으로, 관례에 따라 이루어진 것이며, 이웃 국가에 대한 통고는 국제법상 선점의 요건이 아니다.
- 카이로 선언, 스카핀 제677호, 대일평화조약의 취지를 고려할 때 독도는 일본령으로 확인되었다.

소결

위와 같이 평화선 선언 이후 한일 양국은 독도 영유권을 놓고 치열한 지상논쟁을 벌였다. 이 당시 주고받은 각서에 등장한 내용은 오늘날까지도 양국 독도 영유권 주장의 핵심을 이루고 있다.

1877년에는 독도를 한국령으로 보았고 1905년 편입 시에는 독도를 무주지로 보았던 일본은 이때부터는 독도가 고대부터 일본령이었다고 주장하기 시작하였다. 그러면서도 일본은 대부분의 영유권 근거를 '선점', '식민지 지배기간 중 실효적 지배', '대일평화조약', '주일미군 폭격연습장 지정' 등 1905년 편입 이후 자신들이 국제법을 고려하여 의도적으로 조성한 사정들에 의존하였다.

03

한일회담과 독도

1958년 한동안 중단되었던 한일회담이 재개되었다. 당초 일본은 한일회담과 독도 문제를 별개로 진행하기로 하였다. 그러나 1962년 일본은 갑자기 ICJ행을 강력하게 요구하기 시작하였다. 이것은 일본인인 다나카 코타로田中耕太郎가 1961년 ICJ 재판관으로 임명된 것과 무관하지 않아 보인다.

1962년 3월 고사카 젠타로小坂善太郎 외상은 한일회담 자리에서 최덕신 장관에게 공식적으로 독도 문제를 ICJ에 제소하자고 제안하였다. 이어서 같은 해 10월에는 이케다 하야토池田勇人 총리가 김종필 중앙정보부장을 만난 자리에서 한일 국교정상화가 이루어질 때 독도 문제는 반드시 타결되어야 하는 절대적 조건이라고 설명하였다.

이른바 오히라·김 메모로 대일청구권 문제가 합의된 직후인 같은 해 11월 12일에는 오히라 외상이 김종필에게 국교정상화

때 독도 문제를 타결할 수 없다면 국교정상화 직후에는 반드시 독도 문제를 ICJ에 제소한다는 약속을 해달라고 요구하였다. 이에 김종필은 독도 문제를 제3국의 조정에 맡길 것을 제안하였다. 조정은 재판이나 중재와 달리 그 결정에 법적 구속력이 없는 것이다.

그해 12월 일본은 한일회담 예비교섭 자리에서 또 다시 ICJ행을 요구하였다. 한일 간 모든 현안을 일괄 타결해야 한다는 것이다. 한국은 제3국 조정은 일본 측 사정을 최대한 고려한 것으로 더 이상 양보할 수 없다고 하였다. 한국은 내부적으로 ICJ에 제소할 경우 ICJ에 일본인 재판관이 있어 불리한 면이 있고, ICJ에 제소하면 판결 전에 한국이 독도에 설치한 시설과 경비대를 철수해야 할 가능성도 있으며, 북한이 이해관계국으로 재판에 참가할 가능성도 있다는 분석을 하고 있었다.

1964년에 들어서 일본은 독도 문제가 해결될 전망이 없으면 한일회담을 성사시키지 않을 방침임을 천명하였다. 그러나 ICJ행에 대해서는 한국이 강경하게 반대하자 일본은 다른 방법들을 모색하기 시작하였다.

1965년 6월부터는 분쟁해결에 관한 교환공문 교섭을 시작하였다. 이는 양국 간에 분쟁이 발생하였을 때 어떻게 처리할 것인가에 관한 것으로, 독도 문제를 분쟁으로 보았을 때 적용될 가능성이 있는 문서였다.

당초 일본이 제시한 안은 이 조약의 적용대상이 되는 분쟁에 독도 문제를 명시하고, 분쟁이 합의로 해결되지 않을 때에는 '중재'로 해결한다는 내용이었다. 중재는 양측이 선임한 중재인들이 재판을 하지만, 조정과는 달리 그 결정에 법적 구속력이 있는 것이다. 이에 반해 한국의 입장은 조약에 '독도'를 언급하지 않고, 조약의 대상이 되는 분쟁에 대해서도 '생기는'이라는 수식어를 추가하여 '생기는 분쟁'이라고 언급함으로써 향후 발생하는 분쟁만을 대상으로 하며, 중재 대신 조정만을 분쟁해결 수단으로 두자는 것이었다.

양측은 그야말로 한 치의 양보도 없는 줄다리기를 계속하였다. 당시 박정희 대통령은 한국 대표단과의 전화통화에서 이 문제가 한국 정부의 운명에 관계되는 중요한 문제이므로 한국이 수락할 수 있는 해결책이 없다면 한일회담을 중단해도 좋다고까지 하면서, '생기는'을 삽입하고 '독도'와 '중재'를 넣지 말 것을 강하게 요구하였다.

한일협정 조인식이 예정된 1965년 6월 22일을 불과 몇 시간 앞둔 시점까지도 이동원 외무장관과 일본의 사토 에이사쿠佐藤榮作 총리 사이의 줄다리기는 계속되었다. 그러다 마침내 조인식을 25분 남겨둔 시점에 극적으로 합의에 성공하였다. 그것은 한국이 요구하던 '생기는'을 삽입하지 않는 대신 일본이 요구하던 '독도'와 '중재'를 넣지 않고, 조정만을 분쟁해결 수단으로 남겨두는 것이었다.

이후 한국은 이 분쟁해결에 관한 교환공문은 독도 문제를 대상으로 하지 않는다는 입장이고, 일본은 독도 문제까지 포함한다는 입장을 취하게 되었다.

혹자는 1965년 한일협정 당시 체결한 분쟁해결에 관한 교환각서에서 ICJ 언급을 삭제하고 분쟁을 '조정'으로 해결하기로 합의하였다는 점을 근거로, 일본이 ICJ행을 완전히 포기했고 더 이상 ICJ행을 제안할 수도 없게 되었다고 주장한다. 아울러 이 때문에 일본은 1965년 이후 ICJ행 제안을 하지 않고 있는데도 한국인들은 일본이 지금도 독도 문제를 ICJ에서 해결하자고 요구하는 것처럼 착각하고 있다고 한다. 그러나 이 주장이 옳은지는 의문이다. 영유권 문제는 물론 조약 해석도 국제법의 문제이므로 최종 결론을 내리기 위해서는 관련 국제법에 근거를 두어야 하는데, 국제법상 최종 조약에서 ICJ행 제안 자체를 금지하는 규정이 없는 이상 ICJ행 제안을 막을 근거는 없어 보인다. 또한 협상 과정에서 나온 제안, 선언 등은 최종 조약의 해석에 고려되지 않는다는 국제 판례들도 있다. 이 주장 이후인 2012년 일본은 ICJ행을 제안하였다.

04

오늘날까지의 독도

한일협정 체결 이후 한동안 독도 문제는 양국 국민들 사이에서는 비교적 잠잠하였다. 그러나 그 기간에도 일본 외무성은 지속적으로 독도가 일본령이라는 내용의 문서를 한국 정부로 보냈다. 이는 앞서 설명한 대로 일본의 입장에서는 가만히 있으면 국제법에 따라 독도에 대한 영유권을 완전히 상실해버릴 수 있기 때문이다.

그러나 1977년 후쿠다 다케오福田赳夫 총리가 독도가 일본 영토라는 발언을 하면서 한국 내에서 일본에 대한 분노가 분출되었다. 이어서 1984년에는 아베 신타로安倍晋太郎 외상이, 1986년에는 구라나리 다다시倉成正 외상이 독도가 일본 영토라고 주장했고, 그때마다 한국 여론은 분노하였다. 그러나 이와 관련하여 양국 정부 간에 직접적인 마찰은 별로 없는 편이었다. 일본은 독도 문제를 정부 간 회담의제로 올리려고 했지만 한국은 이를 의제로 올리는 것조차 거부해왔기 때문이다.

그러다 1996년 한국이 독도에 접안시설 공사를 착공한 것을 계기로 일본은 전례 없이 전면적으로 독도 영유권을 주장하고 나섰다. 당시 연립 여당은 정부에게 한국의 접안시설 공사에 적극 대처하라고 요구하였고, 자민당이 총선 공약으로 한국에 독도 영유권을 주장한다는 것을 내걸었으며, 하시모토 류타로橋本龍太郎 총리 역시 독도가 일본령임을 주장하였다. 같은 해 독도를 일본령으로 표기한 지도를 실은 일부 일본 교과서가 정부 검증을 통과하기도 하였다.

1998년 무렵에는 신한일어업협정이 체결되었는데 여기서 독도와 주변수역이 중간수역으로 표시되었다. 이에 대하여 독도 영유권과는 무관하다는 정부 입장과는 달리 일각에서는 이로써 독도 영유권이 침해당하였다고 주장하는 경우들도 있었다.

이후부터는 거의 해마다 일본의 총리, 지사를 비롯한 유력 인사들이 독도가 일본령임을 주장하였다. 2005년에는 시마네현 의회가 독도를 편입한 2월 22일을 다케시마의 날로 지정하였다.

2006년부터는 일본 정부가 학생들의 교과서에 독도가 일본령임을 명기하고 이를 지도할 것을 단계적으로 요구하기 시작하였다. 자국 학생들에게 독도가 일본령이며 이를 한국이 불법 점거하고 있다고 교육한다는 것은 독도 문제를 정부 간의 문제에서 양국 국민들 간의 문제로, 현세대 간의 갈등에서 미래 세대 간의 갈등으로 확대하는 것이었다.

일본의 독도 도발이 상시화됨에 따라 한국 정부는 2010년경부터 '차분하고 단호한 외교'라는 투트랙 정책을 거쳐 2011년에는 보다 강력한 '엄중하고 단호한 대응'으로 방향을 틀었다. 2012년에는 한국의 이명박 대통령이 독도를 방문하였고 이에 대응하여 일본은 독도 문제의 ICJ행을 제안한 후 오늘에 이르고 있다.

앞으로의
독도

유감스럽지만 앞으로도 일본은 독도 영유권 주장을 계속할 것으로 예상된다. 정치적으로는 일본이 불안정해지고 여유가 없어질수록 일본의 주요 정치인이나 관료가 독도 문제 등을 부각시키면서 내셔널리즘을 부추길 가능성이 높아진다. 법률적으로도 일본은 가만히 있으면 한국의 독도 점유가 묵인되어서 나중에는 다시는 독도 영유권을 주장해볼 수조차 없게 되므로, 한국의 독도 점유에 대해서 끊임없이 이의를 제기해야 하는 입장이다. 한국의 입장에서는 일본의 독도 영유권 주장이 매우 불쾌하고 화가 나는 일이지만 그렇다고 해서 주권평등의 원칙이 지배하는 국제사회에서 일본이 그런 주장조차 못 하게 막는 방법은 찾기 어려운 것이 현실이다. 영토는 그 어느 나라의 정권도 쉽게 포기할 수 없는 민감한 문제이고, 이는 일본의 정권도 마찬가지이다.

그러나 다행히 독도를 점유하고 있는 한국은 매우 유리한 입장에 있다. 이 상태로 시간이 많이 흐르면 법적 안정성의 측면에서 한국은 보다 유리해지고 일본은 초조해진다. 앞서 말했지만 일본이 독도를 빼앗을 수 있는 방법은 전쟁 외에는, 비록 가능성은 낮지만 국제재판에서 승소하는 길밖에 없다. 이 때문에 일본은 ICJ행을 계속 주장하는 것이다.

반대로 뒤집어 보면 한국의 입장에서는 역시 가능성은 낮지만 국제재판에서 패소하는 상황만 겪지 않으면 독도를 빼앗기지 않는다. 그리고 국제재판은 한국이 응하지 않으면 열리지 않는다. 따라서 한국은 국제재판에 응하지만 않으면 독도를 빼앗기고 싶어도 빼앗길 수가 없다.

이런 사정을 잘 아는 한국 정부는 절대로 국제재판에 응하지 않는다. 다만 희박하나마 완전히 무시할 수 없는 가능성은 한국 정부가 재판에 응할 수밖에 없는 상황이 조성되는 것이다. 이러한 상황으로 가장 우려되는 부분은 그 어떤 대외적인 변수보다도 국내 여론이다. 한국사회가 민주화되면서 정부는 여론에 매우 민감해졌다. 정부의 입장에서는 국익에 반한다는 것을 알면서도 다수의 국민이 원할 경우 그것을 따르지 않을 수 없게 되었다. 한국 국민들은 그동안 일본에게 받은 상처와 실망 때문에 일본과 관련된 문제에 대해서는 때로 매우 흥분하기도 한다. 이러한 사정을 잘 알고 있는 일본은 의도적으로 한국 여론을 끊임없이 자극하고 있다. 이러한 상황 속에서 한일 간의 갈등이 고조되다 보면 한국 여론이 일본의 도발을 더 이상 참지 못하겠다면서 재판으로 끝장을 보자는 식의 지혜롭지 못한 판단을 하게 될 가능성도 배제할 수 없다.

상당수 한국인들은 일본이 다른 나라에 독도가 일본 땅이라고 홍보한다는 소식을 들을 때마다 마치 당장 독도를 일본에 빼앗기기라도 할 것처럼 불안해한다. 그러나 이러한 홍보의 주된 목적은 세계 사람들이 독도가 일본 땅이라고 믿게 하는 데 있지 않다.

독도가 일본 땅이라고 홍보한다고 해서 세계 여론이 독도를 일본 땅이라고 쉽게 믿지는 않는다. 영토 분쟁에 대해서 세계 여론은 그렇게 쉽게 한쪽으로 기울어지지 않는다. 세계에는 현재에도 수십 개의 영토 분쟁이 진행 중이다. 대부분 세계 사람들은 다른 나라의 영토 분쟁에 대해서 별 관심이 없다. 한국인들도 아마 대부분은 이란과 UAE 사이에, 터키와 그리스 사이에, 베트남과 중국 사이에 섬 영유권 분쟁이 있다는 사실조차 잘 모르고 있고, 그런 분쟁이 있다는 말을 들어도 그 섬이 누구 섬인지 알아보려고 하지도 않을 것이다. 알아보려고 한다 해도 영토 문제는 법률적으로 매우 복잡해서 전문가조차도 오랜 시간을 공부해도 명확한 답을 얻기 어려울 때가 많다. 물론 잠깐의 홍보로 어느 한쪽의 영토라고 믿는 사람도 있을 수는 있겠지만, 그 정도로 단순한 사람은 다른 나라가 같은 정도의 홍보를 하면 이번에는 그쪽을 믿게 될 것이다. 게다가 어떤 나라의 국민들이 독도가 일본 땅이라고 믿는다고 해서 그 나라 정부가 독도가 일본 땅이라는 공식 입장을 취해서 한국을 적으로 돌릴 가능성도 희박하다.

보다 근본적인 것은 영토 문제는 세계의 여론이 아니라 법적으로 결정되는 문제라는 점이다. 국제법상 각 주권 국가는 무엇이 법에 부합하는지 스스로 판단할 수 있으므로, 한국이 독도를 한국령이라고 판단하면 그것으로 족하지, 다른 나라의 지지를 받을 필요가 없다. UN 총회에서 전 세계 국가들이 모여 투표를 해서 독도를 한국 땅이라고 투표한 국가 수가 반수가 넘으면 비로소 한국 땅이 되는 것이 아니다. 전 세계 사람들에게 설문조사를 해서 독도가 일본 땅이라고 믿는 사람들이 90% 이상이면 독도가 일본 땅이 되는 것도 아니다. 만약 그것이 사실이라면 세계 모든 영토의 주인이 끊임없이 바뀌는 불안정한 상황이 초래되었을 것이다. 이처럼 큰 효과가 없기 때문에 전 세계에 수십 개의 영토 분쟁이 있는데도 불구하고 어떤 땅이 자기 땅이라고 세계적으로 홍보하는 나라를 찾아보기 어려운 것이다.

그렇다면 일본은 독도는 일본 땅이라는 홍보를 통해서 무엇을 노리는 것일까? 그것은 독도를 분쟁지역화해서 한국을 재판으로 끌어내는 것이다. 세계 사람들이 독도가 일본 땅이라고 믿게 만드는 것은 어렵지만, 그들이 독도를 분쟁 지역이라고 믿게 만드는 것은 상대적으로 쉽다. 일본의 목표는 세계 사람들이 독도를 둘러싼 분쟁이 있을 뿐만 아니라, 그 분쟁이 매우 심각해서 국제평화를 위협할 정도라고 믿게 하는 것이다. 분쟁이 국제평화를 위협할 경우에는 UN 헌장에 의해서 회원국들은 그 분쟁을 재판 등을 통해서 해결해야 할 의무가 발생하기도 하고 UN 안보리가 재판 회부를 권고하는 결정을 내리기도 한다. 한일 간의 대결 국면이 강하게 조성되면 한국 내에서도 흥분하여 재판을 하자는 여론이 조성될 수도 있다. 일본은 바로 이러한 효과들을 종합적으로 노리고 있는 것이다. 특히 한국도 흥분하면서 일차원적인 맞대응을 하면 일본에게는 이러한 목표 달성이 훨씬 쉬워진다.

앞으로 독도가 어떤 모습이 될 것인지는 일본의 이러한 전략에 다수의 한국인들이 어떻게 대응할 것인가에 달려 있다. 일본에 대한 분노로 인해 촉발된 행동이라고 해서 반드시 애국이 보장되는 것은 아니다. 주체할 수 없는 감정이 아닌 절제와 지혜가 필요한 것이다.

참고문헌

일본의 독도 편입 전후 사실관계

송병기(2010), 《울릉도와 독도, 그 역사적 검증》, 역사공간.

예영준(2012), 《독도실록 1905》, 책밭.

대일평화조약 체결 전후 사실관계

정병준(2010), 《독도 1947》, 돌베개.

독도에 대한 물리적 침범 및 지상 논쟁 등

외무부(1977), 《독도관계자료집》.

외교통상부 국제법률국 편(2012), 《독도문제개론》.

일제강점기 및 한국전쟁 등 역사적 배경 사실들

최덕수 외 4인(2011), 《조약으로 본 한국 근대사》, 열린책들.

한국사사전편찬회 편(2005), 《한국근현대사사전》, 가람기획.

평화선 관련 사실관계

지철근(1979), 《평화선》, 범우사.

한일회담 시 독도 관련 사실관계

조윤수(2012), "한일회담과 독도", 《영토해양연구》 4호.

국제법 역사, 독도, 대마도, 이어도, 평화선 관련 설명 등

정인섭(2012),《생활속의 국제법 읽기》, 일조각.

기타 관련 국제법 이론들

한일 간 왕복문서 등 정부 문서들

이한기, 정인섭, 김병렬, 김찬규, 이근관, 최태현, 박배근, 김석현, 박기갑, 박현진, 이석우, 허숙연 등 국제법 학자들의 독도 관련 저서와 논문

일본 자료

일본 외무성(2008),《다케시마 문제를 이해하기 위한 10의 포인트》.

한일 간 왕복문서

가와카미 겐조川上健三, 나이토 세이추內藤正中, 시모조 마사오下條正男, 이케우치 사토시池內敏, 호리 가즈오堀和生 등 일본 저서 및 논문

사진출처

해당 사진이 삽입된 페이지 번호 순서대로 명기.

21	대한민국역사박물관(사진 번호 한3390)
30	《연합뉴스》
35	이미지클릭
65	《연합뉴스》
89	《독도 1947》, 정병준 교수 제공
99	《독도 1947》, 정병준 교수 제공
104-1, 104-2	《연합뉴스》
135-1, 135-2	《연합뉴스》
137	국가기록원
140-1	《연합뉴스》
172	《독도문제개론》
175	《동아일보》
178	김한용 사진연구소